Table

Préface

Chapitre 1

Chapitre 2

Chapitre 3

Préface

Gagnant à la surprise générale des primaires, François Fillon se retrouve désormais dans la position paradoxalement inconfortable du favori aux présidentielles. Mais entre le vote populaire qu'il pourrait pousser dans les bras du FN et celui des bobos tentés par Macron ou Bayrou, il y a encore loin de la coupe aux lèvres.I.

François Fillon a remporté haut la main la primaire de la droite et du centre, ses électeurs confirmant la tendance du premier tour. Cinglant démenti des prévisions des médias, qui voyaient Alain Juppé comme futur président, pourfendant, tel un Saint-Georges, le dragon Front national en mai 2017. Une victoire assurée par une campagne axée sur un programme de droite. Fillon a marié avec succès l'image d'un réformateur libéral à celle d'un conservateur social.

L'une des raisons pour laquelle il a été élu, c'est qu'il y a eu une mobilisation, grâce aux réseaux sociaux, de mouvements assez proches de la Manif pour tous et de Sens commun. À l'inverse, Alain Juppé a mené une «campagne de second tour», ouverte au centre et au centre-gauche. Un soutien électoral de la Manif pour tous dont François Fillon a fait les frais durant l'entre-deux tours: présenté parfois comme un «archi-réac, ultra-libéral et pro-Poutine», il s'est finalement vu adouber du titre envieux de favori à la course à l'Élysée.

Sur le papier, son plan paraît clair. À gauche, les candidats sont en déroute après un quinquennat socialiste calamiteux. Il ne reste qu'à la droite rassemblée sous les bannières de la famille, la nation et de l'économie de marché — soient ses valeurs traditionnelles enfin assumées — qu'à pousser le FN à délaisser ses places fortes pour venir combattre sur-le-champ économique, où il sera défait... Il va certainement lui prendre les catégories aisées, traditionnelles, pratiquantes qui habitent dans le sud de la France, retraités à fort patrimoine, proches de Marion maréchal Le Pen. Il prendra peut-être une partie des identitaires, très marginaux, qui pensent qu'avec lui il y a plus de chances d'arriver au pouvoir qu'avec Marine Le Pen.

Quant aux électeurs proches de la Manif pour tous, ceux-ci ne viennent pas du FN. Ils ont toujours tenu à l'écart les cadres du FN, qui le lui ont plutôt bien rendu. De plus, si ceux-ci se sont fortement mobilisés pour la primaire, il en faut plus pour remporter un scrutin national,

Chapitre 1

Staline

C'est un cas de figure intéressant et très spécifiquement français, où tantôt la gauche, tantôt la droite, s'accusent mutuellement de complaisance vis-à-vis de la Russie. La droite a, en effet, des faiblesses pour l' "éternelle Russie" despotique au gouvernement, mais flatteusement voltairienne dans les salons.

La gauche a toujours les yeux de Chimène pour l'héritière de la Révolution française (1789) et de la Commune (1871). "Patrie du socialisme et du communisme", dont Lénine a aussi élaboré le projet en France, puis en Suisse. Même si ce sont les Allemands du Kaiser qui l'ont ramené chez lui pour faire le coup d'Etat bolchevique de la Révolution d'Octobre 1917.

Certes, l'amour pour Staline fut une erreur de jeunesse, une sorte de maladie infantile du communisme et des gauches françaises. Parce que Staline a "trahi la Révolution", dit-on contre toute raison jusqu'à aujourd'hui dans ces milieux intellectuels.

Signalons, d'ailleurs, que dans ce flot intéressant, le sort de la Pologne, par exemple, n'est pas du tout traité. Et que Katyn apparaît une seule fois, parce qu'un manuel russe d'histoire en parle, à Moscou ! Nos manuels français n'en parlent toujours pas à Paris. On a aussi du mal à parler du Pacte germano-soviétique d'août-septembre 1939 et de l'agression soviétique contre la Pologne, le 17 septembre 1939.

On voit là cet échange de tir droite-gauche, gauche-droite françaises : de droite, on tire sur le nihilisme ; de gauche, on tire sur le despotisme. Mais, la fascination est la même. On aime la Russie et on frissonne devant ses tsars et leur knout.

C'est ainsi qu'au lendemain de la Seconde Guerre mondiale - pour ne pas remonter aux origines -, aussi bien la Russie soviétique (l'URSS que le général de Gaulle voudra toujours appeler Russie), que Staline lui-même, ont profité, en général, de l'indulgent soutien politique d'intellectuels français, de gauche et de droite.

A gauche, non seulement des communistes et leurs "compagnons de route", notamment chrétiens, mais même des chrétiens prestigieux comme François Mauriac et Jacques Maritain, ont donné leur appui à l'URSS stalinienne, au profit du "progrès", avant d'y voir plus clair. A droite, d'éminents intellectuels ont appuyé aussi de leur plume et de leur réputation le totalitarisme soviétique, par respect de la puissance et des intérêts russes et franco-russes.

En 1944, Wladimir d'Ormesson, dans Le Figaro, justifie la signature du traité d'alliance franco-soviétique, entre de Gaulle et Staline, car la Russie soviétique, selon lui, serait "passée d'un état révolutionnaire à un état soucieux avant tout de ses intérêts nationaux, dans le droit fil de son histoire diplomatique".

En 1945, l'Union des chrétiens progressistes, carrément engagée dans le compagnonnage avec le PCF, s'oppose à la publication du manuscrit du Père Fessard, "France, prends garde de ne pas perdre ta liberté", qui applique au communisme la même grille d'analyse dont le jésuite s'était servi pendant l'Occupation pour dénoncer le nazisme.

Dans les rangs de la gauche non communiste, notamment des chrétiens de gauche, Jacques Maritain lui même, ainsi que François Mauriac, refusent de prendre position contre l'occupation de l'Europe du Centre-Est, et notamment contre les crimes commis en Pologne par l'URSS avant, pendant et après l'Insurrection de Varsovie en 1944 et la Libération en 1945.

"*La stratégie gaulliste obligeait à passer (cela) sous silence*", confiait alors le Polonais Joseph Czapski, rescapé des massacres des officiers polonais en URSS et officier dans l'Armée polonaise des Forces Alliées occidentales

Des prisonniers français - les chanceux, ceux qui ont pu regagner la France et non aller au Goulag à leur libération en Allemagne par les troupes soviétiques -, ont témoigné d'atrocités soviétiques contre des civils allemands. On trouve dans les archives départementales du Puy de Dôme des affiches communistes dénonçant ces témoignages vécus comme étant de la "calomnie de la part de fascistes et un complot des trusts pour jeter le discrédit sur l'Armée rouge" !

En 1949, J. Czapski relatait ses pourparlers avec l'éditeur français Calmann-Lévy pour la publication de son ouvrage sur les crimes de Staline en URSS pendant la Seconde Guerre mondiale, "Terre inhumaine". Dans un premier temps, Raymond Aron, responsable de la collection, accepte l'ouvrage. Mais, l'éditeur convoque J. Czapski et lui déclare : "*Je ne suis pas du tout d'accord avec l'opinion de Monsieur Aron. Je ne pourrai pas publier votre livre. Vous parlez trop des Polonais, qui n'intéressent pas les Français. Il faudrait faire des coupures très importantes. Ce qui est plus grave, vous êtes trop antistalinien, ça ne passerait pas...*"

Et puis, Staline est mort, le 5 mars 1953. L'Europe du Centre-Est avait attendu en vain d'être libérée du tyran par les armées occidentales. Une autre solution, pacifique et sans doute meilleure, mais à très long terme, se présentait à elle. Qui parlait alors en France d'"hégémonisme soviétique" en Europe ? Qui combattait la violence et les crimes contre les peuples d'Europe dont se rendait coupable l'Union soviétique ? Il y a eu des milieux français courageux et informés qui l'ont fait. Mais, qui s'en souvient aujourd'hui ? Et qui s'en souvient autrement que par le prisme des puissantes campagnes de propagande menées alors contre eux par Moscou-même et par ses caisses de résonance en France ?

Lorsque Staline mourut, il y a 50 ans, en Russie, en Chine et dans le bloc de l'Est, tout mouvement se figea, tout travail cessa et il fut observé cinq minutes de silence, précédées de salves d'artillerie. Les sirènes des usines et des navires et les sifflets des locomotives fonctionnèrent pendant trois minutes sans interruption. Le dictateur était mort. Il allait rejoindre Lénine au mausolée et, sans doute, Hitler en enfer. Sans ironie, en Chine, Mao organisa pour Staline une immense cérémonie devant la Porte de la Paix céleste...

En France, les drapeaux furent mis en berne pour deux jours, faisant écrire dans Le Figaro à François Mauriac, déjà beaucoup plus conscient de la réalité : " *Nos drapeaux en berne parce que Staline est mort, c'est le signe des contradictions d'une politique française que les circonstances nous imposent et que nous ne dominons pas. J'en suis frappé, certes, mais moins que du ton de notre presse qui ne se retient guère d'encenser le cadavre* ".

Il en découlait ce que tout le monde sait aujourd'hui - ou devrait déjà savoir : que le PCF veillait à faire appliquer des tâches issues de décisions prises en URSS, hors de France, qu'il ne reculait pas, pour les faire appliquer, devant le contrôle, la fermeté et la lutte sans merci. Et que la lutte sans merci (à mort) contre tous ceux qui s'opposaient à Staline ne le choquait point - du moins quand cela se passait ailleurs. Notamment en Pologne et en Europe du Centre-Est.

"*Gloire immortelle à Staline !* ", écrivait le comité central du PCF. *Sa mémoire vivra éternellement dans nos coeurs. Ses enseignements éclaireront toujours notre route. Nous saurons, à son exemple, à l'exemple de son Parti, notre modèle, aller de l'avant vers le communisme!... En vain les chacals de la social-démocratie aboient-ils rageusement vers le grand disparu!* ". Et Lavrenti Béria, le complice du "Petit père" - bientôt liquidé lui-même d'une balle par ses collègues - mais pour le moment cité avec onction par L'Humanité, annonçait un renforcement de la vigilance contre les ennemis de l'Etat soviétique. En URSS et dans le monde

Guerre Froide

Au moment où la Direction de la surveillance du territoire(DST) disparaît sous sa forme connue depuis 1944 en se fondant à l'intérieur d'une nouvelle Direction central du renseignement intérieur (DCRI), certains des succès remportés par ce service dans l'exercice de ses missions traditionnelles – contre-espionnage, protection du patrimoine économique et scientifique, contre-terrorisme – peuvent être rappelés.

L'affaire Farewell

Une taupe de la DST au cœur du KGB. Un brillant officier soviétique, mécontent d'avoir été ramené à Moscou sur un poste d'analyste au siège du KGB après avoir séjourné comme diplomate en France et au Canada, décide de contacter la DST pour lui fournir des informations. Pourquoi choisit-il la DST? Parce que la DST est, selon lui, le seul service occidental à ne pas être pénétré par les agents du KGB et qu'il veut ainsi garantir sa propre sécurité. Un cadre commercial d'une entreprise française, un non-spécialiste, jouera les intermédiaires sur place.

La production de cet agent, le colonel Vladimir Ippolitovitch Vetrov dit Farewell, va se révéler extraordinaire. Entre 1980 et 1982, il a remis au total près de 3 000 documents, pour la plupart d'un niveau de classification maximal, ayant permis à la France de connaître les méthodes et structures du KGB ainsi que le niveau de connaissance du monde occidental par les Soviétiques.

Il a également fourni des liste de noms :ceux de 250 officiers de la ligne X du KGB, spécialement chargés de récupérer des renseignements techniques et scientifiques dans le monde ainsi que 170 noms d'agents du GRU et d'autres directions du KGB. Ces informations furent à l'origine, en avril 1983, de l'expulsion de France de 47 Soviétiques dont 40 diplomates. Arrêté pour l'assassinat de sa maîtresse, Vladimir Vetrov est identifié comme la source qui a fourni aux Français la liste de noms des espions soviétiques. Il est condamné à mort et fusillé en 1985. Selon le président américain de l'époque, Ronald Reagan, Farewell est l'une des plus grandes affaires d'espionnage du XXe siècle.

L'affaire Pâques :

En 1960, le responsable du KGB en Finlande, Anatoli Golitsyne, passe à l'Ouest et fournit à la CIA des précisions sur la manipulation, par le KGB, de taupes au sein de l'Organisation du traité de l'Atlantique Nord (OTAN) et des services spéciaux occidentaux. Certains documents proviennent d'une fuite localisée à Paris.

L'enquête de la DST permet l'arrestation en 1963 de Georges Pâques, officier de presse à l'OTAN, qui admet avoir été recruté par les Soviétiques et leur avoir fourni des informations sensibles. Il déclare avoir agi pour éviter une guerre nucléaire entre les deux blocs. Son action a permis à Moscou de connaître avec précision les forces et les intentions de l'Ouest. La peine de Georges Pâques – la prison à perpétuité – fut commuée en vingt ans d'emprisonnement. Après six années passées en prison, le président de la République le gracia. On considère que Georges Pâques fut la source la plus importante des Soviétiques au sein de l'OTAN et de la défense française pendant la guerre froide.

Nucléaire français

En 1992, l'attaché scientifique de l'ambassade de Russie à Paris, Victor Otchenko, décide de passer à l'Ouest. Son débriefing permet l'arrestation d'un docteur en physique nucléaire qui travaillait pour le Commissariat à l'énergie atomique, au Centre d'études militaires de Limeil-Brévannes. En deux ans, l'intéressé, Francis Temperville, a vendu aux Russes les résultats des tirs expérimentaux de Mururoa ainsi que les plans des armes nucléaires françaises contre au moins 400 000 dollars. Il a été condamné à neuf années de prison pour trahison.

La fusée Ariane

De notoriété publique, le GRU a bien aidé le programme spatial soviétique en lui fournissant des informations sensibles pillées à l'Ouest. En France, ce fut le moteur cryogénique HM7 de la fusée Ariane, mis au point par la Société européenne de propulsion (SEP), qui fit l'objet d'une campagne d'espionnage. Après le démantèlement du réseau, en 1987, l'attaché militaire adjoint Valery Konorev fut expulsé ainsi que deux autres diplomates soviétiques. D'autres affaires ont concerné Ariane : en 1975, Serguei Agagfonov, qui avait tenté de soustraire des informations sur les réservoirs de carburant pendant le salon du Bourget, avait lui aussi été expulsé.

L'affaire Baumgartner

Après la chute du mur de Berlin, les anciens ennemis sont devenus des partenaires et les alliés des concurrents féroces. Ainsi, dans les années 1990, les services américains s'intéressèrent à l'attitude de la France, notamment dans les discussions économiques. Connaître la position d'un concurrent avant les négociations constitue en effet un atout majeur.

En 1993, la directrice d'une fondation américaine, la Dallas Market Center, en poste à Paris, invita à plusieurs reprises un haut fonctionnaire français à déjeuner dans le but inavoué de connaître la position française sur le GATT (Accord général sur les tarifs douaniers et le commerce) et la politique agricole. La DST suivait alors tout particulièrement cette femme, Mary-Ann Baumgartner, connue pour être un agent de la CIA.

Le KGB au pouvoir

En effet, la présence des services secrets à la tête du pays remonte à 1982, avec la nomination de Youri Andropov au poste de Secrétaire général du Parti communiste d'Union soviétique. «Le choix d'Andropov officialise précisément le fait que les services secrets avaient, enfin, arraché le pouvoir au Parti communiste.» Le bras armé du régime s'est promu maître d'un pays-continent. Il peut alors « multiplier par deux, trois ou plus, la puissance de son réseau d'espionnage à l'étranger. »

Après la mort de Y. Andropov et l'intermède de Konstantin Tchernenko vient le tour de Michkaïl Gorbatchev, nommé Secrétaire général du Parti communiste en 1985. Il s'agit, lui encore, d'un homme des services secrets. Très bien informé de l'état délabré de l'URSS et des aimables phantasmes occidentaux au sujet de son pays, il relaie un discours conçu sur mesure. La crédibilité perdue de la voix du Kremlin est alors reconstruite par la Glasnost – remarquable opération de désinformation – pour faire accepter sans débat l'idée d'une Perestroïka peu comprise en Occident.

Peut-être parce que les années Gorbatchev (1985-1991) sont celles d'une formidable poussée des services secrets soviétiques et des mafias de cette zone. En effet, celles-ci tirent largement bénéfice des «réformes» applaudies à grands cris par l'Ouest. Ces structures criminelles jouent dans le même temps un rôle important dans la mise en œuvre de la stratégie de fuite des capitaux organisée par les services secrets soviétiques pour remettre à terme la Russie dans une situation plus favorable.

Depuis quelque temps déjà, le nouvel homme fort est Boris Eltsine. Après avoir joué un rôle déterminant dans l'implosion du système soviétique le 8 décembre 1991 – soit trois jours après l'artificielle suspension de paiement de la dette extérieure soviétique – Boris Eltsine met en œuvre un série de privatisations qui éblouissent les

Occidentaux. Sous couvert de passage à l'économie de marché, les néo-nomenklaturistes et les mafias accaparent le bien public, avec la bénédiction des services secrets.

Les années Eltsine (1991-1999) sont celles de « La Russie oligarchique ». 80% de la population est rejetée sans ménagement en dessous du seuil de pauvreté, tandis que l'essentiel des richesses de cet immense pays se trouve détenu par 2 à 7% de la population. Entre ces deux nouvelles catégories sociales, s'installe un parasite occulte qui prospère grâce au capitalisme sauvage: le racket devient en effet une industrie très florissante. » Le nombre de chefs d'entreprise et de banquiers froidement abattus devient également impressionnant, ce qui consolide l'emprise des mafias sur la sphère productive puisqu'elles vendent une «protection». Quelques années après l'effondrement de l'URSS, les différents clans maffieux hérités du soviétisme contrôlent 50 à 80% de l'économie, selon les estimations.

Pendant ce temps, une cellule de « relations publiques » relayée par les réseaux implantés à l'Ouest présente le KGB comme affaibli pour mieux faire accroire qu'il ne représente plus aucune menace ni pour la Russie, ni pour l'Occident. Celui-ci baisse la garde avec un soulagement évident. Pourtant, « l'ex-KGB gouverne secrètement le pays. Par l'entremise d'Alexandre Korjakov, par exemple, confident et garde du corps (de B. Eltsine), qui le suit comme son ombre ou de son fidèle ami, Mikhaïl Barsoukov, incidemment patron des services secrets.»

Un esprit mal informé a tendance à penser qu'il s'agit par nature de structures ennemies, les services combattant par définition les mafias. Les experts occidentaux voient pourtant la situation autrement. L'auteur cite à ce propos B. Schmidbauer, secrétaire d'Etat chargé de coordonner les services de renseignements allemands : « Nous avons la certitude que des membres de l'ancien KGB jouent aujourd'hui (1994) un rôle important dans le secteur du crime organisé, que les structures du KGB participent activement aux trafics de drogues, d'armes, de matières nucléaires, de traite des Blanches et fabriquent de la fausse monnaie. »

En outre, les officiers des services spéciaux se présentent par milliers aux élections régionales et fédérales russes. Bien documentés, ils remportent souvent le siège escompté et gagnent ainsi une onction démocratique du meilleur effet. Serguei Grigoriants, expert des services secrets soviéto-russes confie ainsi en 1999 : « Bientôt, la Douma votera peut-être selon les ordres du FSB…»

Boris Eltsine ayant rempli son office, les clans qui constituent le pouvoir réel derrière le rideau de fumée organisent sa sortie. La guerre de Tchétchénie relancée en août 1999, un homme des services spéciaux se fait une image séduisante pour l'électorat russe en promettant aux Tchétchènes les pires sévices. Il est ensuite nommé président intérimaire, puis candidat à la présidence. La stratégie électorale conçue en haut lieu semble parfaitement adaptée au milieu, puisque Vladimir Poutine est élu une première fois en 2000. Sa menace a été – il est vrai - immédiatement mise à exécution à l'encontre des Tchétchènes. Voilà un homme qui tient ses promesses électorales, comme l'ouvrage d'Anna Politkovskaïa, « Tchétchénie, le déshonneur russe » le démontre amplement. Cette stratégie est tellement pertinente qu'elle fonctionne même une deuxième fois, en 2004.

Poutine

Après la disparition de l'URSS, la Russie semblait engagée dans une « transition » vers l'Etat de droit et l'économie de marché. Au cours des années Eltsine (1991-1999), le fonctionnement du régime était certes erratique et marqué par la corruption, mais le progrès des libertés était indéniable. Toutefois, les siloviki, ces hommes issus des organes de sécurité (KGB et autres) ont largement pris le contrôle du partage des dépouilles, via les privatisations, et la « guerre des régions », transformées en mini-URSS par les nomenklaturistes locaux. Ce qui a neutralisé les réformes économiques d'inspiration libérale.

C'est dans ce contexte de «polyarchie chaotique» que Vladimir Poutine a entamé son ascension, puis mis en place ce que l'on a appelé une «verticale du pouvoir», partant du Kremlin : une recentralisation de l'organisation territoriale russe, doublée d'une prise de contrôle du champ politico-médiatique et de l'économie. La science politique définit ce mode de gouvernement comme un « autoritarisme patrimonial», l'autocrate et ses proches étant en même temps les propriétaires des richesses du pays. Cela présuppose l'absence de véritables règles de droit et d'institutions vivaces, ainsi que des luttes de clans permanentes pour le pouvoir et le contrôle des rentes économiques qui achètent les fidélités politiques.

Cette confusion des genres explique les hésitations initiales des analystes sur la finalité centrale du système russe : la puissance étatico-militaire ou l'enrichissement privé ? Depuis, les faits ont démontré la force de ce que les Russes appellent la « Derjavnost », une sorte de culte de la puissance. De l'analyse des discours et représentations géopolitiques, il ressort que pour le Kremlin et la classe dirigeante russe, l'ultime partie de la Guerre froide n'est pas encore jouée. La Russie peut et doit récupérer une partie du terrain perdu en 1991 et reconstituer une sorte d'URSS « new-look », voire faire payer à l'Occident l'éclatement de l'URSS en attisant les tendances centrifuges dans les Etats et les structures occidentales, notamment au sein de l'Union européenne. In fine, la Russie se pose en puissance revancharde et révisionniste, prête à remettre en cause par les armes l'architectonie géopolitique de l'Europe post-Guerre froide. Autrement dit, il est erroné de voir en la Russie un simple Etat mafieux : le Kremlin conduit une « grande stratégie » et le système est tendu vers la reconstitution de la puissance passée.

Vladimir Poutine considère les instances euro-atlantiques, l'Union européenne aussi bien que l'OTAN, comme de simples superstructures politiques et militaires héritées de la stratégie de containment et vouées au dépérissement, à la suite d'un hypothétique retrait américain, les Etats-Unis étant supposés se réorienter vers l'Asie-Pacifique et se désintéresser de toute autre région du monde.

Schématiquement, l'OTAN exprimerait les seuls intérêts américains ; l'Union européenne et ses Etats membres seraient dépourvus de substance et de volonté propres. Si le président russe a usé de la thématique eurasiste, ses partisans vont plus loin dans ce registre : l'heure d'une vaste Eurasie, rassemblée autour du «Heartland» russo-sibérien, aurait sonné. Le «Brexit» (référendum du 23 juin 2016 au Royaume-Uni) et ses conséquences sur le système euro-atlantique sont appréhendés à travers cette grille de lecture.

Si l'on se reporte aux années 2000, le discours russe sur l'OTAN et l'Union européenne était empreint de duplicité. Dans le cas ukrainien par exemple, les diplomates russes expliquaient que seule l'OTAN leur posait problème car il s'agissait d'une alliance militaire incluant la superpuissance américaine. La candidature de l'Ukraine constituait, disaient-ils, une grave menace sur la sécurité de la Russie, et l'octroi par les Etats membres de l'OTAN d'un Membership Action Plan (MAP), ultime étape avant l'adhésion pure et simple, serait un casus belli. Il en irait de même pour la Géorgie. Inversement, la candidature à l'Union européenne n'était pas censée leur poser problème, car il s'agissait d'une structure avant tout civile et économique. Ces éléments de langage ont souvent été repris dans les milieux officiels français et européens, mais du point de vue russe, il ne s'agissait que de dissocier les fléaux.

Lors du sommet de l'OTAN organisé à Bucarest, au printemps 2008, le MAP a été refusé à l'Ukraine comme à la Géorgie, et ces deux pays, restés à l'extérieur du périmètre de sécurité, ont été attaqués. Dans le cas ukrainien, l'accord d'association à l'Union européenne, censé ne pas poser problème quelques années plus tôt, a été le point de départ de pressions multiformes de la part de Moscou sur Kiev, jusqu'à la guerre et à un rattachement manu militari de la Crimée. La leçon sur le plan stratégique et géopolitique est simplissime : malheur à qui reste en dehors du périmètre de sécurité. L'OTAN et l'Union européenne sont les deux piliers de l'Europe post-Guerre froide, et ces instances euro-atlantiques font obstacle au révisionnisme géopolitique russe. En leur absence, le « chacun pour soi » l'emporterait, ce qui ouvrirait de nouvelles possibilités à la politique russe, l'Europe basculant dans une nouvelle période de déchirements.

Propagande

Il faut d'abord mentionner un impressionnant dispositif de propagande, qui fait largement appel aux réseaux sociaux. La stratégie médiatique du Kremlin est triple. Le premier volet consiste à dénigrer à travers ses réseaux tout ce qui est en Occident : la classe politique («tous des corrompus et des incapables»), les mœurs (« tous des sodomites décadents»), la démocratie («une hypocrisie au service des Américains»), le droit («l'idolâtrie de l'homme qui fait oublier Dieu» selon le patriarche Kiril), le droit international (une fiction dont les Américains se servent pour camoufler leur hégémonisme), l'Europe («en perdition»), les Etats-Unis («en perte de vitesse»).

Le deuxième volet consiste à tabler sur les peurs et à les attiser : peur du terrorisme («causé par la politique de tolérance»), peur de l'immigration massive (idem), peur de la globalisation. Le troisième volet consiste à rapprocher les Européens des Russes en les faisant communier dans les mêmes haines et les mêmes phobies.

Haine des Etats-Unis en priorité. Tous les événements négatifs qui ponctuent l'actualité – terrorisme islamique, guerre en Ukraine, crise économique - ont un coupable: les Etats-Unis et leurs vassaux européens. L'Amérique est toujours responsable, soit qu'elle agisse (intervention en Irak), soit qu'elle n'agisse pas (évacuation de l'Irak, développement de Daech). La vision manichéenne exportée de Moscou est rassurante : il y a les méchants d'un côté, qui tirent les ficelles dans les coulisses, et les vaillants résistants derrière Poutine, dressés contre l'Amérique comme Astérix contre l'Empire romain. Cet univers de BD trouve beaucoup d'adeptes, notamment grâce aux réseaux sociaux.

Les principales cibles de Moscou sont les milieux politiques, les milieux économiques, les think tanks, les milieux militaires et les institutions chargées de la sécurité. C'est parmi les «souverainistes» europhobes et anti-américains que le Kremlin recrute la majorité de ses adeptes en posant au défenseur de «l'identité nationale», voire de «l'identité européenne».

Une analyse de la guerre de l'information menée par le Kremlin, de ses thèmes et de ses cibles principales, la description de sa stratégie de pénétration systématique des lieux de pouvoir dans notre société, ne peuvent laisser aucun doute: c'est la capacité d'agir indépendamment de Moscou que le Kremlin veut détruire en France (et en Europe). C'est une stratégie de pré-conquête que nous avons sous les yeux. Une des leçons principales tirées par le Kremlin du conflit ukrainien est que l'intégration de l'espace ex-soviétique dans l'Union eurasienne de Poutine, le rattachement de l'Europe occidentale à cette Union eurasienne aux conditions voulues par

Moscou, ne sont concevables que si les Européens cessent de porter un projet alternatif à la «verticale du pouvoir» poutinienne.

Depuis l'affrontement à propos de l'Ukraine, le Kremlin déploie des efforts décuplés pour remodeler l'Europe à son image. En insinuant qu'un «homme fort» est ce qu'il faut à l'Europe, que l'esprit de tolérance et de coopération qui caractérisaient l'Europe de l'après-guerre doivent être éradiqués au profit d'un nationalisme étroit, que seul l'emploi de la force est payant sur la scène internationale, il ambitionne de reformater la conscience européenne, d'amener les Européens à abandonner leurs institutions, à renoncer à leurs libertés, à se détourner de leur classe politique, afin de les rendre « poutino-compatibles ».

Le système Poutine

Poutine développe depuis 2012 un projet basé sur les valeurs conservatrices (appuyé par l'Eglise orthodoxe), qui a de multiples avantages. En premier lieu, il s'agit d'un projet «attrape-tout» capable de mobiliser plusieurs bases électorales, sauf les classes moyennes urbaines de toutes façons déjà dans l'opposition. De plus, le projet facilite la marginalisation d'autres nationalistes tels que M. Navalny, affaiblissant d'autant toute opposition. Il permet aussi de redéfinir rhétoriquement l'opposition comme un « autre » absolu, créant ainsi une dichotomie «eux-nous» mobilisatrice, ce qui explique les accusations régulières portées contre l'opposition d'être à la solde de « l'étranger ».

Poutine peut également procéder à un renouvellement des élites en s'appuyant plus fortement sur les « oligarques orthodoxes » tels que Konstantin Malofeev et Vladimir Yakunin, tout en renforçant son contrôle de la société, perçu comme nécessaire après un interlude Medvedev jugé dangereusement réformiste. Plusieurs centaines de manifestants furent ainsi condamnés en 2012, la chaîne d'opposition Rain TV perdit son distributeur, les sites grani.ru et ej.ru furent interdits, et M. Poutine déclara qu'internet était un complot de la CIA, tandis que l'idéologue Alexandre Douguine parlait d'une « cinquième colonne » (les manifestants) et d'une « sixième colonne » (les membres du régime réticents envers les réformes). Cette reprise en main est accompagnée d'une campagne contre l'Europe décrite comme décadente et homosexuelle, le néologisme tolerasty désignant de manière péjorative ces libéraux dont les idéaux de tolérance servent en fait à importer en Russie le danger mortel de l'homosexualité (pederasty).

A l'international, le projet sert à renforcer l'un des principaux projets de M. Poutine depuis son retour: la création d'un nouveau bloc politique dans l'espace post-soviétique. Il s'agit d'une ambition ancienne, dont le dernier nom est « Union Eurasiatique », et dont l'objectif politique est de créer un bloc uni autour de valeurs conservatrices en opposition à l'Occident et ses valeurs post-modernes. Le projet politique de M. Poutine n'est pas de recréer une Union Soviétique, mais ressemble plutôt à faire de la Russie ce qu'elle était avant 1914: une puissance majeure, gardienne des valeurs conservatrices, au sein du concert des grandes puissances.

Enfin, M. Poutine a pu se rendre compte que son projet trouvait un écho auprès de certains mouvements politiques dans les pays occidentaux: à droite chez les conservateurs (comme Patrick Buchanan aux Etats-Unis) et les différents courants d'extrême-droite européen (dont le rapport à la Russie sert aujourd'hui de facteur unificateur); et à gauche chez les héritiers du communisme toujours prêts à soutenir tout projet susceptible de se fondre dans leur rhétorique « anti-impérialiste ».

L'une des clefs de la guerre d'information russe est à chercher dans l'influence des « technologues politiques » sur la vie politique russe depuis l'effondrement soviétique: un groupe de manipulateurs au service des plus offrants, qui créaient des histoires politiques parfaitement scriptées aux profits de leurs champions politiques allant bien au-delà du « story-telling » existant dans les sociétés occidentales. La principale différence sous le régime de M. Poutine étant que le Kremlin a désormais établi un monopole sur ces pratiques en s'attachant les services de ces technologues politiques, y compris le plus célèbre d'entre eux, Vladimir Surkov.

Le talent des technologues politiques consiste à manipuler les technologies de l'information, créant des drames virtuels au sens littéral du terme, car ils n'existent qu'àla télévision; et en influençant le discours dominant sur les médias sociaux. Mais ces mini-drames n'existent que parce qu'ils sont tenus par un méta-récit unificateur qui donne du sens à tous les événements.

En 1996, ce récit était celui de « M. Eltsine face aux communistes », suivi par « M. Poutine face aux tchétchènes » lors de son arrivée au pouvoir en 1999-2000, « M. Poutine contre les oligarques » en 2003-2004, « le retour de la Russie » en 2007-2008 et enfin les « valeurs conservatrices » depuis 2012. Dans une large mesure, la politique en Russie est virtuelle et consiste à donner les apparences d'un enjeu en manipulant largement le cadre de référence de l'expression des citoyens7.

De ce fait, le contrôle des médias est essentiel et il est significatif que les principales violences contre les journalistes s'exercent toujours lorsqu'un changement de méta-récit a lieu. Il est fondamental de comprendre que l'enjeu de ces technologies politiques est d'abolir la frontière entre la vérité et le mensonge, et de présenter des mensonges évidents comme des « points de vue alternatifs ». Dans cette perspective, la Russie contemporaine et ses technologues politiques sont extrêmement post-modernes en ce qu'ils abolissent la différence, caractéristique de la modernité, entre le mythe et la réalité.

Comme l'un des principaux technologues politiques, Sergueï Markov, l'expliquait en 2007: « l'opinion publique change, elle ne disparaît pas, mais est progressivement créée artificiellement. (…). L'opinion publique est de plus en plus créée par les ordinateurs, qui n'ont pas d'avis propre puisqu'ils dépendent du programme qui est inséré. Tous les groupes d'intérêt se battent pour le droit d'insérer leur propre programme ».

La justification de cette vision ultra-cynique de la politique est en général que la Russie ne fait que de manière artisanale que ce que l'Occident pratique à grande échelle. Il est clair que les régimes démocratiques occidentaux font face à des problèmes de désenchantement des citoyens, d'émergences d'oligarchies politico-administratives et de diminution de l'indépendance des médias. Mais ces problèmes sont des dégénérescences des régimes politiques, ils n'en constituent pas, comme en Russie, la nature fondamentale. D'autant que le mythe principal du régime, qui consiste à présenter M. Poutine comme le bon tsar chargé de discipliner les mauvais boyards afin de rétablir la puissance russe, est un immense mensonge.

Ce mythe repose en effet depuis le début sur trois idées: que le Caucase allait être pacifié, que la Russie était une économie émergente pleine de potentiel, et que l'autorité de l'Etat allait être restaurée à travers l'établissement de la « verticale du pouvoir » (vertikal vlasti). Malheureusement, le Caucase est aujourd'hui loin d'être pacifié, l'échec de la politique russe y étant patent (et a complètement disparu du discours politique alors qu'il était au coeur du discours dominant du début des années 2000); le système économique, basé sur les hydrocarbures, la corruption et la proximité du pouvoir ne fait pas de la Russie un grand émergeant, mais plutôt un pays en déclin9; et la verticale du pouvoir, qui de fait déresponsabilise des exécutants réduits à attendre les ordres d'un supérieur, est un échec conduisant M. Poutine lui-même à admettre en 2011 que 80% des décrets présidentiels ne sont pas appliqués par les régions.

Troisièmement, la France est particulièrement vulnérable à la propagande russe, pour plusieurs raisons. En premier lieu, le positionnement de M. Poutine comme un défenseur de la puissance de l'Etat correspond à la tradition jacobine-républicaine qui irrigue un certain nombre de courants politiques de droite comme de gauche. Voyant en M. Poutine le restaurateur de la souveraineté de l'Etat face au marché, ses admirateurs jacobino-républicains oublient allègrement au passage toute la dimension anti-républicaine de son programme (appui sur l'église orthodoxe, discrimination de minorités ethniques ou sexuelles, etc.).

Deuxièmement, l'image de lui-même que veut créer M. Poutine correspond très exactement à l'un des mythes principaux de la culture politique française telle qu'analysée par Raoul Girardet: le mythe du sauveur. Cette résonance de la propagande russe avec la culture politique française rend des franges entières de l'électorat naturellement favorables au discours véhiculé par la Russie. Troisièmement, il existe traditionnellement une véritable russophile française, consistant à excuser la politique russe par admiration pour sa culture, et datant au moins de la visite de Diderot à Catherine II.

Une partie significative des élites culturelles françaises ne veut voir que la Russie de Saint-Petersbourg, cultivée et européenne, et voudrait pouvoir oublier Moscou. Cette tendance à voir Pouchkhine derrière Poutine n'a politiquement aucun sens (on peut admirer une culture et regretter la politique de son Etat), mais est très perméable au discours russe consistant à mettre en avant une « Russie éternelle » et fantasmée. Enfin, le discours « anti-impérialiste » qui irrigue de larges fractions des mouvements politiques français (de l'extrême-gauche à l'extrême-droite en passant par les néo-gaullistes) les rend naturellement plus réceptifs au discours de la propagande russe, qu'ilsreprennent parfois mot pour mot. La cible potentielle de la propagande russe est donc large, et comprend les néo-républicains, les néo-souverainistes et les anti-impérialistes de tous bords: une alliance hétéroclite mais potentiellement importante, comme le montre le soutien à la Russie affiché par des intellectuels en vue ou des responsables politiques de premier plan. Pour toutes ces raisons, il n'est absolument pas surprenant que la Russie ait fait de la France une cible prioritaire de sa campagne de guerre de l'information en Europe.

Enfin, la guerre de l'information russe joue aussi sur des sentiments profonds de large pans de la société occidentale: un sentiment d'abandon de la part des élites, la recherche d'informations « alternatives » face à ce qui est perçu comme une omerta des médias traditionnels et leur collusion avec les responsables politiques, ou la croyance explicite ou implicite dans des forces cachées qui contrôleraient le monde (la CIA, le Bilderberg, les francs-maçons, etc.).

La propagande russe n'est forte que tant que nos sociétés occidentales sont incapables de répondre aux attentes qu'elles ont suscitées: l'effort sur nous-mêmes est autant, voire plus important que la réaction nécessaire face à la nouvelle menace sur la sécurité européenne que fait peser la Russie. Au-delà de la dimension étroitement militaro-stratégique de la confrontation avec la Russie, l'affrontement fondamental est politique, et oppose deux visions de société irréconciliables: pour contrer la guerre de l'information russe, c'est aux démocraties occidentales de réussir à montrer une fois de plus que leur projet politique est supérieur à celui proposé par Moscou.

La carte orthodoxe

Avec Vladimir Poutine (2000-2008) les choses changent radicalement. Le chef de l'Etat s'affirme un orthodoxe fervent et se rapproche du patriarcat. En outre, il soutient ouvertement les efforts du Patriarche

Alexis pour redonner à l'Eglise sa place dans la société et récupérer les communautés russes séparées de Moscou depuis la Révolution d'Octobre 1917. C'est le chef de l'Etat lui même qui a initialisé le rapprochement avec l'Eglise hors frontières qui a aboutit à l'acte de réunification canonique.

Par ailleurs, le ministère des Affaires étrangères soutient activement les tentatives du patriarcat de Moscou pour mettre la main sur les églises russes et les monastères appartenant aux autres juridictions, que ce soit en Terre sainte ou en Europe. Toutefois, en dépit de leur implication personnelle, tant V. Poutine que D. Medvedev ont toujours pris soin de souligner leur adhésion au principe de séparation de l'Eglise et de l'Etat ainsi qu'au caractère laïc de l'Etat russe.

D'un autre coté, des idéologues proches du Kremlin ont tenté de mettre au point des idéologies de substitution laïques. Première tentative celle de Sourkov avec le concept de « démocratie souverainiste » défendue par V. Poutine lors de son discours de Munich (10 février 2007). En bref il s'agit d'aménager le concept démocratique aux réalités politiques et à l'héritage culturel de la Russie… Plus tard, au moment de l'élection à la présidence de Dimitri Medvedev (2008), certains on lancé l'idée d'un V. Poutine leader national, recours suprême en dehors des partis.

80% des habitants de la Fédération de Russie se réclament de l'orthodoxie mais seulement 10% pratiquent régulièrement. Cependant, la religion devient de plus en plus présente dans la vie de la nation. Pas une manifestation publique sans la bénédiction d'un prêtre. Les médias couvrent toutes les fêtes religieuses et rapportent la moindre des interventions du Patriarche. Certains voudraient aller plus loin et évoquent avec nostalgie la « symphonie byzantine ».

Reste que, pour le moment, ces idées n'ont ni le soutien de l'Etat ni celui du patriarcat. Pour trois raisons : le caractère multiconfessionnel du pays, la survivance d'un courant athée vivace et enfin la crainte que l'orthodoxie en prenant la place du Parti communiste d'Union soviétique ne devienne avec le temps aussi obsolète que ce dernier.

Il semble donc que la Russie s'orienterait plutôt vers une forme de « conservatisme social » dont l'orthodoxie serait une composante au même titre que les autres religions traditionnelles. Ce qui n'empêche pas de l'utiliser sur le plan international comme un étendard permettant de rallier, voire d'instrumentaliser, les communautés russes de l'étranger en cas de besoin.

La cathédrale orthodoxe de Paris

Elle devrait culminer à 35,85 m et s'étendre sur 4 655 m2. La nouvelle église orthodoxe russe s'élèvera en bordure de Seine, à l'angle du quai Branly et de l'avenue Rapp, au cœur de Paris. Les travaux ont commencé à l'été 2014, au moment même où l'Union européenne, et donc la France, prenait des sanctions contre la Russie, en pleine guerre ukrainienne. Ce vaste centre culturel – un bâtiment paroissial, une école primaire et un institut slave –, dont le coût total est estimé à 100 millions d'euros, sera la future vitrine de la Russie en France.

Maître d'ouvrage du projet, l'Etat russe ne voit pas dans cette église un simple emblème spirituel. Moscou compte bien s'appuyer sur ce complexe pour marquer le renouveau de l'influence russe dans la République. Depuis la guerre d'Irak en 2003, où elle a dit « non » à Washington aux côtés de Paris et Berlin, Moscou cherche à renforcer son influence en France, où elle pense trouver une oreille favorable à son discours sur la décadence de l'Occident, sur la perte des valeurs et sur l'impérialisme américain.

C'est un projet complètement politique. Tout ce qui est lié à l'Eglise orthodoxe russe (appelée le "Patriarcat de Moscou") est politique. A la tête de cette Eglise se trouvent des dignitaires ayant travaillé à l'époque soviétique pour le KGB et ayant alors infiltré le Patriarcat de Moscou. Aujourd'hui, Poutine se sert de l'Eglise orthodoxe pour moraliser la société, en censurant des oeuvres jugées blasphématoires, comme un adaptation contemporaine de l'opéra de Richard Wagner "Tannhäuser", où le personnage de Jésus-Christ apparaît avec des femmes dévêtues. En Russie, l'orthodoxie est une idéologie étatique, antidémocratique, antioccidentale et homophobe.

C'est pourquoi dans les années 1920, la diapora russe s'est séparée du Patriarcat de Moscou, arguant qu'il était dépendant du Kremlin. Les membres de la diaspora ont alors créé des églises orthodoxes dépendant du Patriarcat de Constantinople. Le Patriarcat de Moscou essaie désormais de récupérer ces églises. Dès qu'une église dépend du Kremlin, c'est lui qui dicte l'interprétation des principes religieux, la nomination des pasteurs, etc. Toute une partie des descendants de l'émigration russe sont donc opposés au projet de construction de l'église orthodoxe sur le quai Branly à Paris, promise à Poutine par Nicolas Sarkozy. Il a déjà des églises orthodoxes dans la capitale et, par rapport au nombre de fidèles orthodoxes en France, celle-ci est disproportionnée. C'est avant tout une marque de puissance.

Le patriarche de l'Eglise orthodoxe Cyrille 1er a apporté un soutien appuyé à Vladimir Poutine, premier ministre et favori à la présidentielle du 4 mars prochain, alors que la Russie a connu ces derniers mois une vague de contestation sans précédent contre le pouvoir.

"L'Église orthodoxe est le gardien des valeurs morales et spirituelles de la Russie", avait déclaré M. Poutine en arrivant au Kremlin en 2000. Depuis, très régulièrement, l'ex-agent du KGB rencontre le patriarche, se fait photographier un cierge à la main dans une église et assiste aux offices lors des grandes fêtes. "Les autorités ont besoin de la légitimité symbolique que peut leur conférer l'Eglise", relève Alexandre Verkhovski, du centre d'analyse Sova.

De son côté, l'Église orthodoxe a obtenu de l'Etat la restitution d'églises et de monastères confisqués à l'époque soviétique, la présence d'aumôniers dans les unités militaires et des cours d'initiation à la culture orthodoxe dans les écoles.

Alexandre Douguine

Docteur en Histoire des sciences et en science politique, Alexandre Douguine est actuellement considéré comme le principal idéologue de la Nouvelle Droite russe (*mais à prendre dans un sens très différent de la Nouvelle Droite ouest-européenne*), avec Geïdar Djamal, le fondateur du Parti de la renaissance islamique.

Il s'agit aussi et surtout du principal théoricien du néo-eurasisme, un concept géopolitique en vogue à Moscou. Toutefois, son eurasisme diffère «radicalement de celle des penseurs qui lui ont donné son nom». Douguine est un ancien responsable du parti national-bolchevique de 1994 à 1998. Il animera, après son départ, l'association historico-religieuse Arktogeïa. Au début des années 2000, Douguine s'est rapproché de Vladimir Poutine, avec la création du mouvement Eurasia qui deviendra un parti en avril 2001.

Alexandre Douguine a synthétisé au sein d'une pensée complexe, parfois déroutante, des éléments hétérodoxes allant de l'ésotérisme à la philosophie politique. Des proportions diverses de principes géopolitiques, de références à la notion d'«Empire » et des éléments de métaphysique, en particulier d'ésotérisme, y sont visibles, ainsi que des références plus précises à Karl Haushofer, Ernst Niekisch, Carl Schmitt, Jean Thiriart, Julius Evola, René Guénon ou Jean Parvulesco. Cette synthèse, pour le moins originale, a intéressé dès le début des années 1990 diverses tendances de la droite radicale française. Favorables ou défavorables, ces diverses tendances n'ont jamais été indifférentes aux idées défendues par l'idéologue russe.

Parmi les idées occidentales intéressant au plus au point Alexandre Douguine, nous trouvons celles de la «Révolution Conservatrice» allemande, en particulier le national-bolchevisme d'Ernst Niekisch, ainsi que les thèses développées dans les années 1960 par le théoricien radical belge Jean Thiriart. Succinctement, la « Révolution conservatrice » allemande peut être présentée de la façon suivante :

c'était un courant de pensée, avant tout culturel, qui s'était développé en Allemagne entre 1918 et 1933 en opposition à la République de Weimar. Nous pouvons distinguer cinq principaux clivages en son sein : les völkisch ; les « jeunes-conservateurs » ; les « nationaux révolutionnaires » ; Bundichen (les « ligueurs ») et enfin, le « mouvement paysan ».

L'autre grand intérêt de Douguine porte sur les idées de Jean Thiriart. Celui-ci était un militant nationaliste-révolutionnaire paneuropéen. Son ambition était de créer un État européen unifié promouvant un système social appelé le « national-communautarisme », non fondé ethniquement. Il souhaitait créer une « Grande Europe » de Reykjavik à Vladivostok. Très hostile aux États-Unis et à Israël (il se disait antisioniste mais non antisémite), Jean Thiriart était favorable à une alliance entre l'Europe et le monde arabe.

Ces idées pour le moins non conventionnelles soulèvent la curiosité de la droite radicale française. Indépendamment des courants analysés ci-dessous, il est fréquent de les voir discutées sur des sites Internet ou des blogs réfléchissant sur les questions ethniques, géopolitiques ou impériales. Ainsi, Alexandre Douguine a donné récemment un entretien au magazine de la droite nationale, Le choc du mois], un entretien répercuté sur le site d'Alain Soral.

Les références à Alexandre Douguine et à ses idées sont plus nombreuses en ce qui concerne la « Nouvelle Droite », tous deux partageant une conception impériale de l'Europe. La Nouvelle Droite est l'une des écoles de pensée les plus intéressantes du paysage politique de la droite radicale française, née à l'automne 1967. Du fait de cette longévité, elle a connu plusieurs renouvellements doctrinaux. Composée de plusieurs courants parfois antagonistes, sa principale structure reste le GRECE (Groupement de Recherche et d'Études pour la Civilisation Européenne) qui refuse les valeurs occidentales. Cependant, son anticonformisme pose le problème de sa classification dans le champ de la science politique. Les Nouvelles

Droites allemande, italienne et belge sont apparues dans les années 1970 dans le sillage de la Nouvelle Droite française.

Les principaux animateurs de la Nouvelle Droite, Alain de Benoist et Robert Steuckers, ont été invités par Douguine en 1992. Un voyage qui faisait suite à la participation en mars 1991 d'Alexandre Douguine, avec une intervention sur «L'empire soviétique et les nationalismes à l'époque de la perestroïka », au XXIVe colloque du GRECE dont le thème était « Nation et empire ».

Alexandre Douguine est alors présenté dans Éléments, la revue de la Nouvelle Droite, comme le correspondant du GRECE à Moscou, mais fait significatif, il ne figure pas dans la liste des membres du réseau gréciste, publiée en 2000. Il devient aussi un collaborateur régulier de Vouloir et de Nouvelles de Synergies Européennes, revues révolutionnaires-conservatrices de Steuckers, une collaboration qui durera jusqu'en 2005. D'ailleurs, Douguine était invité en novembre 2006 à intervenir à un colloque sur la mondialisation co-organisé par Synergie Européenne de Steuckers et par l'antenne wallonne du groupe identitaire Terre et Peuple.

Le Raspoutine de Poutine

Il hait l'Occident et ses valeurs "dégénérées". Depuis toujours, il milite pour l'annexion de l'Ukraine par la Russie. Il veut un "empire eurasiatique" dominé par Moscou. Longtemps, Alexandre Douguine, intellectuel ultranationaliste, fut cantonné aux marges de la vie politique de son pays. Aujourd'hui, il est au centre du grand jeu russe.

Depuis le retour de Vladimir Poutine au Kremlin en 2012, cet extrémiste, ami du pamphlétaire "national-socialiste" français Alain Soral, est constamment invité dans les médias d'Etat russes. Sa barbe de vieux-croyant et ses concepts fumeux font fureur. Il est très en cour jusqu'au sommet du pouvoir. Ce chantre de Mussolini et de l'orthodoxie - que son ancien acolyte Edouard Limonov surnomme "le

Cyrille et Méthode du fascisme" - est devenu un propagandiste majeur du régime. Selon la revue américaine "Foreign Affairs", il serait même le "cerveau" du président russe.

Douguine, qui est officiellement titulaire d'une chaire de sociologie à l'université Lomonossov à Moscou, explique qu'effectivement il voit les "gens du pouvoir au moins une fois par semaine", qu'il a beaucoup travaillé avec l'ancien conseiller politique de Poutine, Vladislav Sourkov, aujourd'hui en disgrâce. Il assure aussi qu'il a refusé plusieurs postes importants au Kremlin parce qu'il déteste la "bureaucratie".

Mais, quand on l'interroge sur ses rencontres avec le "tsar" lui-même, il dit : "*Peu importe le comment : l'important, c'est que toutes mes idées ont triomphé, toutes.*" De fait, c'est bien son idéologie "rouge-brune" radicale qui inspire aujourd'hui l'action extérieure et intérieure du pouvoir russe. Il faut donc écouter Alexandre Douguine pour comprendre vers quel funeste destin le Kremlin veut entraîner son pays - et toute l'Europe.

En septembre 2008, juste après la guerre russo-géorgienne, Douguine peste contre Poutine qui "*n'ose pas aller jusqu'au bout*" et "*restaurer l'empire*". "*Il hésite à franchir le Rubicon, à affronter l'Amérique*", dit-il alors. Douguine appelle déjà - c'est son obsession - à une invasion de l'Ukraine, d'où il est banni depuis plusieurs années. Il répète que seule une "révolution" ultranationaliste peut sauver le pouvoir russe - pas ces maudites idées occidentales en vogue à Moscou.

Le 10 décembre 2011, l'opposition libérale organise à Moscou une grande manifestation contre Poutine. Pour la première fois, la foule exige que l'homme fort du pays "dégage", comme Moubarak ou Ben Ali. Un choc pour le "leader national" russe. "*Entre les libéraux et nous, il ne pouvait plus hésiter*», dit aujourd'hui Douguine.

Dès que Poutine redevient président, en mai 2012, les ultranationalistes sortent de l'ombre. Ils prospèrent vite. Ils créent plusieurs clubs politiques. Le plus en vue, le cercle Izborski, est lancé par l'écrivain antisémite Alexandre Prokhanov et son ami Douguine. La première réunion est présidée par le nouveau ministre de la Culture, Vladimir Medinski, un historien révisionniste. Un pope est aussi là et pas n'importe lequel : l'archimandrite Tikhon, un intime de Poutine, son "confesseur", dit-on.

Le club adopte le texte fondateur du cercle Izborski. Il y est écrit : "Aujourd'hui, la construction d'un empire eurasiatique peut être l'idéologie de la Russie." Le compte à rebours est lancé. Dix-huit mois plus tard, la Crimée sera annexée, une opération que l'archimandrite Tikhon célébrera comme "une victoire".

Pour Alexandre Douguine, c'est d'abord un acte géopolitique "révolutionnaire". "Une rupture définitive avec le système occidental." Il veut aller plus loin. Annexer l'Ukraine de l'Est et du Sud, la "Nouvelle Russie" comme dit désormais Poutine. Sur place, il a des "centaines" de partisans, de jeunes séparatistes issus de son Mouvement eurasiatique. "Certains sont à la pointe des actions en cours", affirme-t-il.

Douguine leur donne des directives depuis Moscou ou sur place (son interdiction de séjour a été levée par Ianoukovitch en 2010). "Le mieux, assure-t-il, serait que l'armée russe franchisse la frontière." Quand ? "Dès que les conditions seront réunies." Après ? Comme il est désormais un propagandiste presque officiel, Douguine parle avec prudence. Il assure qu'il ne souhaite pas une avancée militaire vers d'autres "terres russes".

Il parle plus ouvertement des visées russes sur l'Europe, "terrain majeur de la guerre contre l'atlantisme". Il regrette que "Staline n'ait pas eu les moyens militaires d'envahir l'Europe occidentale". Aujourd'hui, il veut la neutraliser, la détacher des Etats-Unis.

Comment ? En aidant les partis d'extrême droite du Vieux Continent à conquérir le pouvoir ou, au moins, à déstabiliser les gouvernements en place. Il dit : "Nous allons soutenir la révolte des peuples dans la grande crise économique et sociale qui approche."

Douguine assure que le Kremlin a décidé de favoriser l'Internationale brune en Europe. La preuve : lors de sa dernière longue prestation télévisée, le 17 avril, le président russe a salué Viktor Orbán, le Premier ministre ultranationaliste hongrois qui soutient son action en Ukraine et qui, en échange, a bénéficié d'un prix réduit du gaz. Poutine a même vanté les bons scores de Jobbik, le parti néonazi hongrois. "Un signe", dit Douguine.

En décembre, le patron du Kremlin a nommé à la tête de la nouvelle agence chargée de la propagande internationale de la Russie un animateur de talk-show violemment homophobe : Dmitri Kisselev, compagnon de route de Douguine. Autre signe : en avril, le président de la Douma, Sergueï Narichkine, a reçu en grande pompe Marine Le Pen.

Douguine, qui conseille ce Narichkine et "connaît bien le père de la présidente du Front", était là. La France est l'une de ses terres de mission prioritaires. L'an dernier, à l'invitation d'un groupuscule d'extrême droite, il a participé à la Manif pour tous à Paris. Il s'intéresse à d'autres pays. Il a bon espoir que ses amis néofascistes prennent bientôt le pouvoir en Roumanie, en Grèce ou aux Pays-Bas.

C'est d'abord en Russie que Douguine entend mener son combat. Le Kremlin aussi qui vient de déclarer un Kulturkampf la guerre des cultures. Le 12 décembre, Poutine a lancé devant le Parlement : "Nous défendrons les valeurs traditionnelles, fondations spirituelles et morales de la civilisation : la famille traditionnelle, la vraie vie humaine y compris religieuse." Son croisé en chef est le jeune ministre de la Culture, Vladimir Medinski, que certains surnomment déjà "le Goebbels de Poutine".

Pour désigner les opposants à sa guerre contre l'Ukraine, Poutine a parlé de "traîtres nationaux" et de "cinquième colonne", comme du temps de l'Union soviétique. "Il faut en finir avec ces libéraux pro-américains, nos ennemis", surenchérit Alexandre Douguine qui a publié une liste, un hit-parade des médias les plus "antinationaux". Premiers visés : les rares sites indépendants d'information en ligne.

Oui, le peuple lui demande de devenir César", assure Alexandre Douguine. Selon lui, l'homme fort de la Russie va bientôt entreprendre des réformes institutionnelles pour prolonger "indéfiniment" son pouvoir "autoritaire". Quelles réformes ? "Il n'a que l'embarras du choix. Le plus simple : changer la Constitution." Il pense que, dans la foulée, le Kremlin organisera un "ordre Poutine", une "sorte de collège maçonnique" réunissant quelques personnalités idéologiquement sûres. Leur mission : préparer la succession du "leader national". Si un tel cénacle est créé, il aimerait bien en être.

En France

Allié aux cercles russes les plus réactionnaires, Douguine crée un « Mouvement eurasien international » qui réunit des chercheurs, des politiques, des parlementaires et des journalistes de plusieurs pays unis par la haine du libéralisme et des États-Unis. Ce mouvement joue un rôle important dans la collusion que l'on observe entre les partis d'extrême droite européens et le pouvoir russe.

En France, Douguine est étroitement lié à des personnalités de la droite radicale comme Alain Soral (qui a préfacé son dernier livre) et Alain de Benoist. Douguine se fait le chantre d'un futur «État eurasien » qui doit comprendre tous les États post-soviétiques ainsi que les pays de l'Europe de l'Est et exercer un «protectorat» sur l'ensemble du continent européen. À l'est, cet État devrait, considère-t-il, envisager l'annexion de la Mandchourie, de la Mongolie et du Tibet.

La popularité de Douguine, fréquemment invité à la télévision russe, ne serait sans doute pas possible si le Kremlin n'approuvait pas ses thèses, au moins de façon tacite. Plus Vladimir Poutine impose un mode de gouvernement autoritaire, plus Douguine est en cour.

Chapitre 2

François Fillon

Le président russe n'a pas hésité à faire l'éloge de François Fillon, se félicitant de l'intention du candidat d'améliorer les relations entre Paris et Moscou en cas de victoire à la présidentielle.

«Grand professionnel», «négociateur ardu», «homme intègre», les qualificatifs louangeurs en provenance du Kremlin pleuvent sur François Fillon. Vladimir Poutine, qui s'en tient généralement à une relative réserve lorsqu'il s'agit de commenter les campagnes électorales à l'étranger, n'a pas hésité, à afficher clairement sa préférence à l'égard de l'ancien Premier ministre, n'ayant en revanche que peu de mots pour son rival Alain Juppé.

François Fillon «se distingue fortement des hommes politiques de la planète», a vanté le président russe qui décrit «au premier abord une personne fermée, réservée, mais capable, malgré ses manières européennes, de défendre son point de vue». «Nous avons travaillé ensemble quand il était chef du gouvernement français. Il y a eu beaucoup de rencontres, nous avons développé des très bonnes relations», a ajouté Vladimir Poutine.

Le Kremlin explique suivre de «très près» la campagne électorale française, y voyant une opportunité d'enfoncer un coin supplémentaire dans l'unité de plus en plus vacillante de l'Union européenne face à la Russie. François Fillon est partisan d'une levée des sanctions qui pèsent contre la Russie depuis l'annexion de la Crimée et de son rôle dans le conflit du Donbass, et plaide, dans cette tradition gaulliste qui plait tant à Moscou, en faveur d'un rapprochement plus étroit avec le grand voisin oriental.

Moscou fait désormais de la levée des sanctions occidentales l'un des objectifs majeurs de sa politique étrangère et, dans cette optique, voit dans la France le dernier verrou européen à faire céder avant celui, autrement plus hermétique, de l'Allemagne, avec Angela Merkel qui briguera un quatrième mandat à l'automne 2017.

Dans l'entourage de François Fillon, le député Thierry Mariani, qui s'est rallié très tôt à sa candidature, cultive d'étroites relations avec ses homologues de la Douma, dont Leonid Sloutski, récemment nommé chef de la commission des Affaires étrangères du parlement russe et visé par les sanctions occidentales en raison de son rôle dans l'annexion de la Crimée.

François Fillon, de son côté, a toujours trouvé une oreille attentive auprès de Vladimir Poutine, lorsque les deux hommes occupèrent en même temps le poste de chef de gouvernement - Dmitri Medvedev fut président de 2008 à 2012 - mais également après son départ du pouvoir en 2012. Durant sa traversée du désert, le futur favori de la primaire fut notamment l'invité vedette des forums de Saint-Pétersbourg et des séminaires du club Valdaï, les deux principales vitrines politico-économiques russes destinées à l'Occident. Autant d'occasions de rencontres privées avec Vladimir Poutine qu'il tutoie sans se dire néanmoins «l'ami».

«Quoiqu'ait pu tenter Sarkozy, son opportunisme, sa débrouillardise et son amour de la brillance extérieure ont rencontré beaucoup moins d'échos que le conservatisme gaulliste classique de Fillon, catholique pratiquant, père de cinq enfants et mari d'une seule femme», écrit le journaliste russe, Andreï Belkevtich dans son blog hébergé par la station Echo de Moscou.

Et ce dernier d'ajouter que «le poutinisme de Fillon n'est pas celui, momentané ou pseudo-romantique, de Donald Trump ou de Marine Le Pen». La presse russe salue en François Fillon un futur «ami de la Russie». Néanmoins le site Gazeta.ru conseille au Kremlin de ne pas «mettre tous ses œufs dans le même panier» et de continuer parallèlement à «parier» sur la présidente du Front national…

La situation française est d'autant plus paradoxale que si François Fillon devait l'emporter chez les Républicains, le second tour de l'élection présidentielle de mai 2017 pourrait alors opposer deux candidats ouvertement amis du Kremlin : Marine Le Pen et l'ancien Premier ministre de Nicolas Sarkozy. Un tel duel assurerait à Vladimir Poutine une "victoire", et donc une capacité d'influence, quel que soit le gagnant.

Comment expliquer cet étonnant retournement de situation où le maître du Kremlin, que l'on décrivait comme isolé il y a peu, pourrait se retrouver en 2017 avec des "amis" au pouvoir dans deux des principales capitales occidentales, Washington et Paris ? C'est assurément un des signes d'un changement politique majeur du monde, non pas tant en faveur de la Russie que d'une vague conservatrice, souvent populiste, qui favorise l'émergence d'"hommes forts" dont Poutine est depuis des années l'incarnation.

Fillon et Poutine se connaissent bien - ils se sont rencontrés une bonne quinzaine de fois - et s'apprécient, même en privé. Au point que, comme le racontait "l'Express" en 2014, lorsque François Fillon a perdu sa mère, Vladimir Poutine lui a envoyé une bouteille de vin du millésime 1931, l'année de sa naissance, pour consoler son ami français...

Mais c'est évidemment en termes politiques que la question de cette relation se pose. Et en particulier la politique extérieure russe (re)devenue particulièrement activiste depuis la crise ukrainienne de 2014-2015, puis de l'intervention russe en Syrie depuis un peu plus d'un an. Alors que François Hollande refusait il y a peu de recevoir Vladimir Poutine à Paris en raison de son comportement en Syrie, une victoire de François Fillon représenterait un virage diplomatique à 180 degrés.

À plusieurs reprises, François Fillon a appelé à une alliance avec la Russie dans la lutte mondiale contre le terrorisme et pour « éradiquer le totalitarisme islamique ».

Vladimir Poutine peut se réjouir. Si François Fillon entre à l'Élysée, il comptera un nouvel ami dans le cercle des dirigeants occidentaux. En effet, comme Donald Trump, l'ancien Premier ministre français entend travailler ardemment avec la Russie. Il y a un mois, à l'heure où la communauté internationale s'indignait des bombardements russes sur Alep, Fillon était l'un des rares à déplorer le refus de François Hollande de recevoir le maître du Kremlin désireux d'inaugurer une église orthodoxe à Paris. « Bien sûr qu'on doit l'accueillir, est-ce qu'on doit faire la guerre à la Russie ? » lançait-il.

De tous les hommes politiques français, Fillon est celui qui entretient la relation la plus étroite avec Vladimir Poutine. « Ils ont une véritable estime l'un pour l'autre », affirme Jean de Boishue, un proche de Fillon. L'intéressé éprouve une fascination pour le président russe. Et loue en privé sa poigne et son charme. Lors de sa première visite à Moscou en 2008, le Premier ministre de Nicolas Sarkozy exulte. « Vous vous rendez compte, il m'a consacré trois heures ! » glisse-t-il dans un salon de l'ambassade de France. « C'est comme s'il avait vu Dieu le Père », se souvient un témoin.

Les deux hommes se tutoient rapidement et multiplient les rencontres. Fillon partage la table de Poutine dans sa datcha située à Novo-Ogaryovo, près de Moscou. Toujours accueilli dans le «petit salon», le lieu réservé aux intimes. Il voit également le président russe dans sa résidence de Sotchi, où ce dernier l'invite parfois à une partie de billard.

Face au tsar, François Fillon entend néanmoins marquer sa différence. Le conflit syrien en 2011 lui en offre l'occasion. « Vladimir, est-ce qu'on peut se parler franchement ? » lui dit-il au moment de le recevoir sur le perron de Matignon. « Est-ce que nos conseillers nous le permettront?» lui répond Poutine. Puis Fillon se lance : « Comment peux-tu soutenir ce salaud de Bachar devenu le bourreau du peuple syrien ? » Poutine pointe le doigt. « Et toi, François, peux-tu me dire qui sont ces gens en face de Bachar ? Non, tu ne le sais pas. »

Une réplique qui produira son effet. Quatre ans plus tard, dans une interview à Valeurs actuelles, l'ex-Premier ministre salue l'opération militaire de la Russie en Syrie. « Il faut se féliciter qu'elle soit intervenue. Sinon, nous aurions sans doute en face de nous un État islamique encore plus puissant. » Du miel aux oreilles des autorités russes. D'autant que Fillon plaide aussi en faveur de la levée des sanctions à l'encontre de Moscou au lendemain de l'annexion de la Crimée. « Un geste fou », dit-il au sujet de l'embargo décidé par l'Union européenne.

Poutine a donc de bonnes raisons de cajoler le nouvel homme fort de la droite. Le chef du Kremlin, il est vrai, sait y faire. Une semaine après le décès de la mère de François Fillon en août 2012, Poutine accueille de nouveau son hôte français et lui offre une bouteille de Mouton Rothschild. « Tu vois, François, c'est l'année de naissance de ta mère. »

Au sein de la classe politique française, il est celui qui connaît le mieux Poutine. Et l'apprécie le plus. François Fillon a toujours nourri un intérêt poussé pour la Russie. Plus encore depuis qu'il s'est rapproché de son président.

Poutine sera parmi les premiers à savoir qu'il se prépare à une nouvelle bataille. "Je vais prendre le parti", lui confie-til. Le genre de confidence seulement destinée aux amis?

Le Sarthois a cependant tissé avec celui qui fut son homologue pendant quatre ans une étroite relation. Ou plutôt une connivence de circonstance motivée d'abord par l'ambition. Pour qui a en tête la plus haute marche du pouvoir, se prévaloir de la sympathie d'une pointure de la planète n'est jamais négligeable.

En novembre 2009, les deux hommes déjeunent dans la demeure royale de Rambouillet. Vladimir explique à François comment, chez lui, il est possible d'être président, puis Premier ministre, puis encore président. "C'est un peu plus compliqué en France!" plaisante Fillon.

En 2008, le président russe achève deux mandats au Kremlin et redevient son alter ego. Le "tu" prend très vite le pas sur le "vous". Poutine sera l'un des responsables qu'il rencontrera le plus pendant son séjour rue de Varenne, en moyenne deux ou trois fois par an. Des rendez-vous diplomatiques qui, au fil du temps, s'aventurent hors du sentier protocolaire. Autour d'une table de billard, en septembre 2008, dans la résidence officielle de Sotchi.

Au printemps 2013, jamais à court d'une marque de bienveillance ou de flatterie, le président Poutine invite Fillon dans sa pompeuse datcha à 10 kilomètres de Moscou. Un honneur protocolaire pour un simple député de Paris. Fillon a perdu un rang, pas un allié. A la fin du dîner, il se voit convié à visiter les "formidables" installations des Jeux olympiques d'hiver, avec ce défi : "Je te prends quand tu veux sur les pistes."

En décembre 2010, déjà, Poutine avait proposé à un Fillon interloqué de rejouer la représentation du Bolchoï que la délégation française avait manquée à cause d'un vol retardé par un froid sibérien à Paris. Le Français n'abusera pas des bonnes grâces du Russe et laissera les artistes tranquilles. Mais la plus grande attention de Vladimir Poutine relève de l'intime : lorsque François Fillon perd sa mère, il lui offre une bouteille de vin de 1931, millésime de sa naissance.

S'il s'est épanoui sous l'ère Poutine, le tropisme russe de l'ex-chef du gouvernement est plus ancien. Son premier voyage en URSS remonte à 1986, comme président de la commission de la Défense de l'Assemblée nationale. Il y retourne deux ans plus tard avec Jean-Pierre Chevènement, ministre de la Défense et autre grand connaisseur du pays. Fillon est "impressionné" par Mikhaïl Gorbatchev et sa rupture politique, la perestroïka. Puis, ministre de la Recherche, il multiplie les contacts et inaugure en 1994 - il n'en est pas peu fier - la première société de lancement de satellites franco-russes.

De crainte d'apparaître sous influence, Fillon apprécie modérément que soit souligné le caractère russophile et russophone de son entourage - une caractéristique rare dans le personnel politique français. Plume d'hier et d'aujourd'hui encore, Igor Mitrofanoff est un descendant de Russes blancs.

L'ex-secrétaire d'Etat Jean de Boishue, agrégé de russe et son conseiller à Matignon, continue à l'abreuver de notes sur l'ancien empire, l'accompagne à chaque fois et joue même les traducteurs occasionnels. Philippe Séguin, dont Fillon fut longtemps le premier lieutenant, ne cachait pas son admiration pour la culture russe et, notamment, pour Soljenitsyne, qu'il créditait d'avoir, par ses seuls écrits, mis fin au communisme.

En septembre 2013, invité du forum de Valdaï, Fillon se défait de son habituelle bienséance verbale pour intimer à la France de retrouver son "indépendance" dans la crise syrienne. Ce sont surtout quatre lettres qui soulèveront un tollé à Paris. "Cher" Vladimir... Le voilà cloué au marteau, sabré à la faucille pour un excès d'égards envers un président russe de plus en plus infréquentable aux yeux de l'Occident, inquiet d'un autoritarisme grandissant.

"C'est une formule utilisée par n'importe quel dirigeant, Angela Merkel, Barack Obama!" se défend-il encore aujourd'hui. A droite, ses concurrents s'en repaissent. "Par charité, Alain Juppé s'est abstenu de témoigner qu'il avait dérapé, lâche un proche du maire de Bordeaux. Fillon a certes tiré profit d'une situation institutionnelle pour se rapprocher d'un grand de ce monde, mais a-t-il bien choisi ses sujets et son pays?"

Les enjeux du monde ont toujours intéressé le député de Paris. Mais il faut que la commission des Affaires étrangères de l'Assemblée nationale se penche sur la Russie pour qu'il prenne la parole - une première à l'occasion de cette centième réunion depuis le début de la législature!

Ce 18 décembre 2013, volontiers professoral, il expose les ressorts de Poutine : "Ce n'est pas quelqu'un qui se contente de relations habituelles avec les chefs de gouvernement. Qu'on l'aime ou qu'on ne l'aime pas, il faut y aller, il faut y passer du temps. Un entretien avec lui, ça ne peut pas durer moins de trois heures. Quand cela se termine par un accord, c'est un accord respecté."

Poutine serait donc l'homme des gentlemen's agreements... Pas tout à fait l'image qu'a donnée jusqu'ici le tsar. "Ses défauts, je les connais, mais, du point de vue du fonctionnement de la démocratie, c'est tout de même un progrès", confie François Fillon. Les récriminations européennes seraient d'autant plus déplacées que la Russie "est un cran démocratique au-dessus de la Chine et de nos amis des pays du Golfe".

On sait que François Fillon ne s'opposait nullement ni à la vente des Mistrals, ni à la construction de l'étrange cathédrale au statut diplomatique. En témoigne Jean de Boishue, conseiller du premier ministre, qui parle de la construction du centre spirituel : "C'était de la Realpolitik, la même qui a poussé la France à conclure, après la guerre en Géorgie, la vente de navires Mistral".

Fillon n'a jamais trahi ses convictions pro-russes. Persuadé de la nécessité pour la France et pour l'Europe de prendre en compte les intérêts de Moscou, il était notamment contre le rapprochement de la Géorgie et de l'Ukraine avec l'OTAN. Aujourd'hui, il soutient sans réserve l'intervention russe en Syrie et insiste sur la levée immédiate des sanctions occidentales imposées à la Russie à la suite de son annexion de la Crimée et de son soutien – politique, économique et militaire – aux séparatistes du Donbass.

En clair, cette position repose sur l'idée d'une répartition historique de sphères d'influence. Dans cette optique, il ne faut pas punir la Russie puisque, historiquement, l'Ukraine et tout l'espace post-soviétique font partie des intérêts russes.

L'Ukraine dont la position pro-européenne est déjà affaiblie par l'arrivée de Trump à la Maison Blanche risque de se retrouver davantage isolée sur la scène internationale. Formellement, la levée des sanctions est liée à la réalisation des accords de Minsk. Mais comme ceux-là ne sont pas réalisables car la Russie ne compte absolument ni priver ses "alliés" du Donbass de son soutien ni permettre à l'Ukraine de reprendre le contrôle de ses frontières, Fillon pourra toujours monter au créneau afin de lever les sanctions de façon unilatérale ou avec le soutien de quelques autres pays européens, comme la Hongrie ou l'Autriche – n'importe quelle excuse sera permise au nom de la Realpolitik.

Et il ne faudra pas s'étonner si la Russie décide par la suite de renforcer ses positions en Ukraine, voire obtenir la chute du gouvernement issu de la révolution démocratique du Maïdan.

La levée des sanctions contre la Russie pourra provoquer une profonde scission au sein de l'Europe. Alexeï Pouchkov, chef du comité à la politique d'information à la Chambre haute du Parlement, prédit déjà sur son Twitter : "En cas de la victoire de Fillon, le tandem Berlin-Paris va éclater en ce qui concerne la Russie, et Merkel restera seule avec Varsovie et les Baltes. Une presque solitude". Une fois l'unité européenne affaiblie dans une question aussi importante, une impulsion centrifuge supplémentaire sera donnée aux forces eurosceptiques déjà à l'œuvre dans plusieurs pays.

Pour le Kremlin, miser sur la victoire de François Fillon ou sur celle de Marine Le Pen – qui ont des positions similaires sur le régime russe – est un pari gagnant-gagnant.

La Facho-Complot –sphère

L'Ukraine a fait couler beaucoup de sang. Elle fait aussi couler beaucoup d'encre. Il y a en effet en France nombre d'hommes et de femmes qui voient en Poutine un héros européen et qui n'éprouvent pas la moindre sympathie pour les révoltés de Kiev qui ont renversé Ianoukovitch.

Pour l'essentiel, les pro-Poutine français se recrutent dans les franges extrêmes de la droite extrême. Il y a du Soral, du FN, du Civitas, un brin de GUD.

Point commun: La haine de l'Amérique. Une haine chevillée au corps et à l'âme. Elle s'inscrit dans une configuration où les Etats-Unis représentent le diable : l'argent, Wall Street, la puissance destructrice de l'américanisation des esprits, la réussite économique. En un mot, tout ce qui peut détruire, «vassaliser» disent-ils, l'identité même de la nation française. Dans leur langage, l'Amérique c'est l' «Empire»

Ceux qui ne pensent pas que les Etats-Unis soient une nouvelle incarnation de Satan sont appelés «Atlantistes», et les plus pointus des Poutiniens vont à l'essentiel en ne disant pas «Etats-Unis» mais « Lévyland».

Bien sûr une galaxie n'est pas uniforme. Elle agglutine en effet dans un conglomérat inédit des éléments épars. Car, parmi les pro-Poutine français, on compte aussi des souverainistes et des gaullistes ou proclamés tels. Ils s'agenouillent devant la statue et la stature du général et récitent leur crédo, toujours le même : «l'Europe de l'Atlantique à l'Oural».

On a aussi tout un milieu d'extrême droite en France qui apporte son soutien à la politique russe. Deux associations françaises (Novopole et le Collectif France-Russie) sont présidées par un certain André

Chanclu, qui est un ancien membre du Gud (Groupe union défense,), association étudiante française d'extrême droite qui a été très active dans les années 1970. Dans ces associations, ce sont des français qui, eux, soutiennent ouvertement la politique de Vladimir Poutine. Ils sont également liés à des organisations comme Troisième Voix.

Enfin, on a aussi des conférences organisées par des chercheurs français qui invitent des personnalités considérées comme de l'extrême droite en Russie. Une institution russe qui s'appelle l'IDC (Institut de la démocratie et de la coopération) travaille beaucoup avec des personnalités politiques françaises. Elle se présente comme une ONG mais émane de ce qu'on peut appeler le soft-power russe.

C'est une institution présidée par Natalia Narotchnitskaïa, qui elle-même dans les années 1990 était dans le parti nationaliste. Elle, au centre de cette institution, organise plusieurs débats qui doivent aborder des questions d'actualité en France et en Russie. Il n'y a pas longtemps ils ont organisé une table ronde sur les questions de la famille en France et en Russie. Du côté russe, des politiques très contestables étaient invités, notamment ceux qui ont proposé la loi contre l'homosexualité. Du côté français, des membres de la Manif pour Tous étaient conviés.

L'extrême droite française soutient beaucoup plus le régime actuel russe que les milieux d'extrême droite en Russie. Pour eux, d'après ce qu'ils disent en tout cas via les articles publiés dans Troisième Voix et les manifestations de soutien à la politique de Poutine, la Russie représente le dernier pays en Europe qui a choisi de protéger sa souveraineté contre la présence américaine. C'est donc, pour eux, un modèle à suivre pour la France.

En Europe de l'Est, la Fédération de Russie est soutenue par des secteurs significatifs de l'extrême droite comme ATAKA en Bulgarie, le Parti national en Slovaquie et Jobbik en Hongrie ; à l'Ouest, elle est appuyée par Aube dorée en Grèce, le BNP en Angleterre, le NPD en

Allemagne, le Front National en France, le FPÖ en Autriche, la Ligue du Nord et Forza Nuova en Italie, le Vlaams Belang en Belgique, etc.

Le 22 mars dernier, au Holiday Inn de Saint-Pétersbourg, le parti russe « Patrie » a ainsi organisé un Forum conservateur international en présence d'une grande partie de ces mouvements, avec la participation de chefs militaires séparatistes d'Ukraine orientale liés à des secteurs fascistes. Ce réseau devrait permettre de renforcer la jonction entre nationalistes européens qui appuient la politique étrangère de la Fédération de Russie contre Bruxelles et Washington.

Les Généraux

Un rapport secret rédigé par Alexandre Douguine divulgué le 17 Décembre 2013 précise qu'il a essayé de recueillir des renseignements sur les cercles militaires français.

Dans son rapport, Douguine décrit une réunion à huis clos de l'association française «Défense Armée Nation Civisme» qui a eu lieu au château de Klingenthal près de Strasbourg du 2 au 5 Décembre 2013. Le CiDAN a été créé en 1999 par l'amiral Pierre Lacoste et comme eux, l'association se décrit comme guidée par la "vision moderne du patriotisme et de l'Europe," le "dévouement à la communauté" et les contacts entre la société civile et l'armée. Sa direction se compose en grande partie de retraités ou d'officiers de réserve et son Président est le lieutenant-colonel Jacques Sonnet.

Selon Douguine, lors de la réunion les thèmes suivants ont été abordés :
1. La préparation d'une nouvelle intervention militaire française dans l'un des pays africains et l'état de l'armée française au Mali;
2. Les intérêts européens en Syrie. Douguine souligne que les intervenants ont prudemment soutenu le Président russe Vladimir Poutine et prudemment critiqué les Etats-Unis et le Président français François Hollande

3. La Russie et l'Union eurasienne. Les rapports présentés par Douguine et Michel Grimard du Rassemblement pour l'Organisation de l'Unité Européenne (R.O.U.E) qui soutiennent l'Union eurasienne
4. La Chine et les Etats-Unis: la guerre cybernétique, la stratégie, la probabilité de conflit;
5. Le crime organisé, la mafia et le terrorisme en Europe.

Douguine souligne que "*les militaires français sont très critiques envers les Etats-Unis, l'OTAN et la politique de Hollande et de Sarkozy*". A travers Poutine et la Russie ils prétendent voir "une défense exemplaire de la souveraineté." Selon Douguine, ils sont prêts à coopérer avec la Russie et son mouvement néo-eurasien, "*qui représentent pour eux la principale force intellectuelle*" de la Russie. Douguine conclut que le comité d'organisation du CiDAN est dirigé par des personnes "*anti-atlantistes, anti-américaines et en parfois pro-russes.*"

Alain Soral

Face à un auditoire serré, composé en majorité de Français expatriés, ses premiers mots ont été pour remercier ses hôtes russes. *"Je remercie Vladimir Poutine d'avoir financé ma visite car j'ai été invité et même très bien invité"*, a lancé Alain Soral lors d'une conférence dont il était l'unique orateur, vendredi 10 juin 2016, à la bibliothèque Dostoïevski de Moscou.

Trois jours auparavant, le polémiste d'extrême droite, assistait au forum "Nouvelle ère du journalisme : l'adieu au mainstream" organisé par Rossia Segodnia, la principale agence russe pro-pouvoir.

Ravi d'avoir été « invité officiellement par le gouvernement à ce forum des médias non alignés », comme il l'a répété, Alain Soral a écouté le président russe critiquer « les autorités qui protègent les informations qu'elles aiment, puis rejettent – tout en citant la liberté de la presse et de l'information – ce qu'elles n'aiment pas comme de la propagande ».

La rencontre physique n'aura pas lieu avec Douguine père mais avec sa fille, qui écoutera Alain Soral *«développer ses thèses conspirationnistes et dénoncer "l'effondrement de la France", victime selon lui, en mai 1968, de la "première révolution de couleur de l'ère moderne" fomentée par "l'impérialisme américain" et ses relais "judéo-franc-maçonniques"»*.

«Aujourd'hui, la seule alternative pour échapper à l'hyperpuissance militaire et financière américaine, c'est la Russie de Vladimir Poutine, [qui] peut être la locomotive de la multipolarité. […] Poutine est un modèle à suivre, il nous faut un Poutine français ! », s'est enflammé l'orateur.

Le CRIF, bras armé du sionisme en France a adressé une lettre à Alexandre Orlov, l'ambassadeur de Russie en France, pour lancer un cri à base de «haine» et d'«antisémitisme». Voici la protestation du CRIF, en date du 10 juin 2016 :

À l'occasion de la Fête nationale de la Fédération de Russie, lors d'une cérémonie organisée à l'ambassade russe à Paris, le Président du Crif, Roger Cukierman, a remis à l'ambassadeur Alexandre Orlov une lettre, dans laquelle il attire à nouveau son attention sur "le fait que les principaux acteurs de la haine antisémite, multirécidivistes sur les réseaux sociaux continuent d'utiliser les médias russes pour diffuser leur haine antisémite et négationniste".

"Dans un précédent courrier, vous me confirmiez que Moscou prenait très au sérieux ces informations... Hélas, nous apprenons qu'Alain Soral aurait été être invité à participer au forum "Nouvelle ère du journalisme", qui se déroule actuellement à Moscou... Enfin, le caricaturiste antisémite Zéon, multirécidiviste haineux, proche de Dieudonné M'Bala M'Bala, a été interviewé par le réseau russe RT", poursuit la lettre, à laquelle le Crif a adjoint des articles de presses concernés, pour que l'ambassadeur les transmettent à son gouvernement.

Le mardi 19 janvier 2016, une délégation du Congrès juif européen a rencontré le Président de la Fédération de Russie Vladimir Poutine, à Moscou (Russie).

Le Président de la Fédération de Russie a décrit l'organisation comme une alliée de la Russie dans le combat contre la xénophobie, l'antisémitisme, la radicalisation et pour la préservation de la mémoire de la Shoah. Il a raconté à la délégation l'épanouissement de la vie juive en Russie, avec la création de nouvelles écoles, de nouvelles synagogues, ce que le Président du Congrès juif mondial, Moshé Kantor a salué en qualifiant le président russe de « véritable ami de la communauté juive de Russie ».

Le Congrès juif européen est venu expliquer à Vladimir Poutine la situation des communautés juives d'Europe, en mentionnant la progression de l'antisémitisme et les attaques terroristes qui ont visé spécifiquement des Juifs à Toulouse, Paris, Bruxelles et Copenhague. Le Président russe avait déjà connaissance du fait que certains juifs européens craignaient même de porter leur kippa dans la rue.

Moshé Kantor a précisé que les Juifs ne sont pas seulement les cibles des extrémistes islamistes, mais également des nationalistes radicaux. Il a expliqué à Vladimir Poutine que certains de ces ultra-nationalistes avaient proposé des rapprochements tactiques avec la communauté juive au point que « le président de la communauté juive française, l'un de nos présidents les plus respectés et le président de la plus grande communauté en Europe, Roger Cukierman, a porté cette question jusqu'à au Comité exécutif du Congrès [juif européen…] Nous avons pris une résolution à l'unanimité selon laquelle la consolidation avec l'extrême droite est absolument inadmissible.»

Face à l'exposé de la situation européenne, le Président russe a ouvert les portes de son pays aux juifs européens. «Ils devraient venir ici, en Russie. Nous sommes prêts à les accepter», a réagi Vladimir Poutine à la fin de la présentation. «Pendant l'ère soviétique, les Juifs ont quitté la Russie, mais maintenant ils peuvent revenir», a expliqué le Président russe.

L'échange a été suivi d'une discussion ouverte de plus d'une heure avec les autres membres de la délégation notamment sur la politique russe au Moyen-Orient. Moshe Kantor était accompagné par Raya Kalenova directrice du Congrès juif européen, Serge Rozen, président du CCOJB Belge, Jonathan Arkush, président du Board of deputies britannique, Isaac Querub Caro, président de la communauté juive espagnole, Ariel Muzicant, vice-président du Congrès juif européen, Herbert Winter président de la Fédération suisse des communautés israélites, Alexander Boroda et Berl Lazar, grand rabbin et président de la Fédération des communautés juives de Russie, Arkady Sukharenko président de la communauté de Lettonie représentant également les États baltes et Eve Gani, directrice des relations internationales du CRIF.

Au terme de la rencontre, elle a remis au Président russe une demande particulière du CRIF pour faire en sorte que des criminels français comme Dieudonné M'bala M'bala et Alain Soral n'utilisent pas les médias russes pour diffuser des thèses antisémites.

Lettre à Vladimir Poutine, par Maître Damien Viguier, avocat d'Alain Soral

Monsieur le Président,

Je m'adresse à vous en tant qu'avocat en charge de la défense des intérêts d'Alain Soral.

Mardi dernier, 19 janvier 2016, vous avez reçu à Moscou une délégation du Congrès juif européen.

Or, deux jours après, le 21 janvier dernier, le Conseil représentatif des institutions juives de France (CRIF) prétendait publiquement qu'à cette occasion, par la voie de sa directrice des relations internationales, il vous aurait présenté mon client comme étant un « criminel » dont il vous aurait été demandé qu'il « n'utilise pas les médias russes pour diffuser des thèses antisémites ».

Sachant que cette association, le CRIF, présidée par M. Roger Cukierman, est une fédération d'associations qui comprend parmi ses membres l'Union des étudiants juifs de France (UEJF), je tenais à soumettre à votre examen les faits suivants.

Non seulement l'UEJF, à l'instar de la Ligue contre le racisme et l'antisémitisme (LICRA) ou la Ligue des droits de l'homme (LDH), dirige depuis quelques années contre mon client une véritable campagne de harcèlement judiciaire, mais ces associations ont, avec le CRIF, obtenu l'appui du chef de l'État français et de son Premier ministre, qui a dangereusement et de manière irresponsable désigné publiquement mon client à la vindicte.

C'est ainsi qu'Alain Soral, intellectuel français, est ostracisé dans toutes les télévisions, les radios et les journaux ; que, victime de plusieurs agressions physiques, il ne peut plus se déplacer librement en France ; et que, surtout, il essuie de lourdes condamnations financières. Il est même maintenant sous la menace de l'emprisonnement.

Cependant, son audience dans la population française ne cesse de croître, et ce grâce au média qu'est Internet, grâce à un travail d'édition et grâce à l'activité de l'association Égalité & Réconciliation, qui s'est créée pour le soutien de tous les résistants.

Soucieux du respect du principe de procédure civile dit du contradictoire, auquel, en tant que juriste, je sais que vous êtes sensible, je tiens à porter à votre connaissance les raisons pour lesquelles je conteste formellement l'ensemble des accusations relayées devant vous par le CRIF.

Parler de mon client comme d'un criminel relève du mensonge et de l'injure. Cela témoigne d'une conception bien curieuse de la notion juridique de crime. En effet, tout ce que ces organisations politiques et ce que nos actuels gouvernants peuvent reprocher à Alain Soral, ce sont des analyses et des prises de positions réalistes et courageuses :

- en défense de l'autorité paternelle, principe familial qui subit dans notre pays une offensive délibérée grotesque ;
- en défense aussi d'un ordre politique du monde équilibré, respectueux de la Souveraineté des États, ce qui s'est traduit, lors des crises yougoslave, tchétchène, libyenne, syrienne et ukrainienne, par le soutien sans faille d'une ligne qui s'est trouvée en chaque cas rejoindre la vôtre ;

- en défense encore et enfin d'un monde politique respectueux des croyances, des pratiques et de la spiritualité de chacun, selon une tradition française pluriséculaire de tolérance religieuse et de raison, aux antipodes d'une prétendue laïcité au nom de laquelle de véritables sectes terroristes de marginaux extrémistes ultra-sionistes soufflent sur les braises d'une haine envers les musulmans, attisent la xénophobie et entretiennent même délibérément la montée de l'hostilité envers les communautés juives, premières victimes de ces mafias de fanatiques.

En particulier, mon client n'a de cesse, depuis 2011, d'expliquer aux populations déboussolées qu'au grand déshonneur de la France, ce sont nos propres gouvernants, poussés sans doute par des puissances étrangères, qui ont créé les conditions politiques et sociales propices à l'offensive criminelle dont l'Irak et la Syrie sont le théâtre.

Et lorsque des attentats « djihadistes » ont lieu sur le sol français, comme en janvier et en novembre 2015, nos gouvernants et leurs alliés ont le cynisme de pousser l'exploitation politique du drame à un point tel qu'au nom de l'antiterrorisme et de la lutte contre l'antisémitisme, ils persécutent en réalité les seuls vrais critiques de cette politique d'irresponsables.

Quant à la notion d'antisémitisme, elle n'est pas en droit français une infraction pénale, ce qui fait qu'elle n'est d'ailleurs définie nulle part. Ce n'est guère plus en France qu'une invective, réservée à l'usage jaloux d'obscures organisations qui usurpent le nom de liberté et qui ne représentent qu'elles-mêmes. Elles peuvent ainsi à leur guise tenter de terroriser les journalistes, les politiciens, les universitaires, les savants et les chercheurs, les intellectuels, écrivains, artistes ou hommes d'affaires, jusqu'aux sportifs, et, lorsque cela ne fonctionne pas, instrumentaliser les magistrats pour déclencher des poursuites pénales sans aucun autre fondement juridique que le soupçon d'arrière-pensée.

Jadis, des hommes d'État, François Mitterrand, Raymond Barre ou Charles de Gaulle, ont fait les frais de ce vulgaire système de domination idéologique.

Nous savons tous que la France court actuellement de graves dangers. Nous n'ignorons pas non plus la difficulté de la situation que le noble et grand peuple russe traverse sans discontinuer depuis maintenant plusieurs décennies. Peut-être est-ce grâce à l'audience de rares personnes comme Alain Soral si les sentiments positifs à votre égard ne cessent de progresser dans la population française, qui n'oublie pas, elle, que nos deux peuples sont amis de très longue date. C'est d'ailleurs l'une des principales raisons qu'a cette nébuleuse d'organisations pour tenter de faire taire mon client. Car le comble c'est qu'elle participe au premier chef à la propagande agressive et injuste que l'Occident dirige contre votre personne et contre votre pays.

Je tenais donc, pour remplir devant vous ma mission de défense d'Alain Soral, à vous présenter notre version de la situation française, et je me tiens à votre disposition pour de plus amples explications.

Veuillez agréer, Monsieur le Président, l'hommage de mon profond respect.

Damien Viguier

Dieudonné

C'était la vidéo de trop. Même s'il n'est pour l'instant question que d'une enquête préliminaire et non d'un jugement qui confirmerait le bien-fondé ou non de l'accusation, l'action du parquet de Paris contre Dieudonné pour "apologie d'actes de terrorisme" a visiblement eu pour effet d'inciter YouTube à agir. La filiale de Google a décidé de fermer le compte "iamdieudo" qu'utilisait l'humoriste pour y diffuser ses vidéos.

"*Ce compte a été clôturé suite à des cas graves ou répétés de non-respect du règlement de la communauté et/ou des réclamations pour atteinte aux droits d'auteur*", indique désormais un message affiché par YouTube lorsque les internautes veulent accéder à la chaîne de Dieudonné. Toutes les vidéos publiées depuis plusieurs années ont été supprimées.

Dans l'une de ses dernières vidéos, intitulée "feu Foley", l'humoriste disait de la décapitation réalisée par des djihadistes qu'elle "*symbolise le progrès, l'accès à la civilisation*", rappelant l'exécution en place publique de Louis XVI, guillotiné pour faire place aux révolutionnaires, ou les décapitations auxquelles procédaient certains colons venus "civiliser" l'Afrique. Un procédé maladroit que même une partie de ses fans n'a pas compris ou accepté, comme Dieudonné l'a lui-même reconnu dans une vidéo successive.

Depuis de très longs mois, des organisations de lutte contre l'antisémitisme, et Manuel Valls lui-même, demandaient à YouTube d'agir pour censurer Dieudonné. Ils n'avaient jusqu'à présent pas obtenu gain de cause. L'humoriste avait même remporté une victoire judiciaire contre l'UEJF avant l'été, le TGI de Paris refusant que YouTube censure une vidéo de Dieudonné. Mais finalement YouTube n'aura pas attendu que la justice lui ordonne, et aura appliqué ses propres standards.

Mais la réaction ne s'est pas faite attendre. Conscient qu'il lui serait de plus en plus difficile de s'exprimer librement depuis une plateforme française, Dieudonné a décidé d'ouvrir une nouvelle chaîne de vidéos sur RuTube, le concurrent russe de YouTube. Il pourra ainsi continuer à y diffuser des vidéos, relayées sur ses réseaux sociaux (Facebook et Twitter), mais sans bénéficier de l'apport naturel de spectateurs apporté par les recommandations de

YouTube, ni du système des abonnements aux chaînes, qui permettent de fidéliser facilement les internautes.

A ce rythme-là la Russie est en train de devenir la terre d'accueil des persécutés du système Etasunien (USA/Europe/Israël) et c'est pour éviter que les populations de l'Europe des pauvres se réveillent un jour et régler leur compte aux oligarques des banques…

Front National

C'était le 12 juin 2014, dans un salon du "bunker", l'ambassade de Russie à Paris. Zakouskis et vodka glacée pour célébrer la fête nationale, l'ambiance est chaleureuse, et la salle, bondée. Malgré l'annexion récente de la Crimée, le gratin diplomatique est là, des artistes et des hommes d'affaires français aussi.

Soudain, une porte s'ouvre, une rumeur enfle. Marine Le Pen et sa nièce Marion, la jeune députée FN, s'avancent, en majesté. Le truculent ambassadeur Orlov les accueille d'un sourire complice. Ces derniers temps, ils se sont souvent rencontrés en privé, mais c'est la première fois que les Le Pen et l'émissaire de Poutine en France s'affichent ensemble.

C'est une alliance politique majeure qui s'est nouée dans la discrétion. Elle peut changer la face du Vieux Continent. Depuis plusieurs mois, le Kremlin mise sur le Front national. Il le juge capable de prendre le pouvoir en France et de renverser le cours de l'histoire européenne en faveur de Moscou.

Loin des regards, les dirigeants russes multiplient les rencontres avec les leaders du parti d'extrême droite, eux-mêmes ravis d'être enfin courtisés par une grande puissance. C'est vrai, je vais souvent à l'ambassade de Russie, reconnaît Marion Maréchal-Le Pen. Ma tante m'y encourage."

La présidente du FN est une inconditionnelle de Poutine. Dans la presse russe, elle revendique sa "loyauté" envers l'ex-colonel du KGB, son grand frère de l'Est, qu'elle "admire". A tel point qu'elle souhaite que "la France quitte l'Otan et s'allie militairement à Moscou". Elle y est allée à deux reprises ces derniers mois. Son père, Jean-Marie, s'y rendra, lui, fin octobre. Mais, attention, lâche Marion, comme pour masquer sa gêne, "nous ne sommes pas des agents de Moscou".

Tout commence au quartier Latin, en plein Mai-68. Un jeune et talentueux peintre moscovite, Ilya Glazounov, débarque à Paris. L'artiste, déjà célèbre dans son pays, est un personnage sulfureux. Il se dit monarchiste, le KGB le qualifie même d'"'antisémite". Pourtant, le régime communiste le juge utile à sa propagande et le promeut.

En France, Glazounov est donc en mission : il doit peindre les personnalités françaises que le Kremlin veut séduire, dont la plus prestigieuse, le général de Gaulle. Son aventure parisienne va prendre un autre cours.

Aujourd'hui, Ilya Glazounov, 84 ans, a gardé ses manières de dandy, sa crinière grise et son complet à rayures. En Russie, il est adulé. Il nous reçoit dans le musée d'Etat qui porte son nom à Moscou, inauguré par Poutine en 2004. Pour la première fois, il raconte sa rencontre avec Jean-Marie Le Pen :

« Un jour d'été 1968, un copain français m'a emmené en face de la Sorbonne, dans un café tenu par un chanteur russe. Il y avait là un jeune homme qui avait édité des disques de chants nazis et de la Russie impériale. C'était Jean-Marie. Il adorait mon pays. Nous sommes restés amis jusqu'à aujourd'hui."

A défaut du Général, qu'il ne rencontrera jamais, Ilya Glazounov immortalise des ministres, tels Edgar Faure et Louis Joxe, mais aussi... Pierrette Le Pen, qui vient de donner naissance à Marine ("Je l'ai tenue dans mes bras", fanfaronne l'artiste). Il peint aussi son ami Jean-Marie en officier parachutiste - le portrait trône toujours dans le vestibule du manoir de Le Pen à Saint-Cloud.

Pendant vingt ans, Ilya et Jean-Marie s'écrivent et se parlent de temps à autre au téléphone. Ils se retrouvent en 1991, lors du premier voyage de Le Pen à Moscou. Glazounov anime alors Pamiat, un puissant mouvement antisémite que le pouvoir communiste a laissé prospérer et qui fournira bon nombre de leaders nationalistes russes d'aujourd'hui.

Au cours de son séjour, le président du Front national tombe sous le charme de l'autre vedette locale de l'extrême droite, Vladimir Jirinovski. Lui aussi est contrôlé en sous-main par le KGB. Qu'importe : le clown Jirinovski est francophone et bon vivant. Entre "Jirik", pour qui "trop de juifs" prospèrent en Russie, et "Jean-Marie", pour qui les chambres à gaz sont "un point de détail de l'histoire", une idylle se noue.

Ils déjeunent ensemble, l'année suivante, chez les Le Pen à Montretout. "Jirik" vient avec l'un de ses assistants francophones, Edouard Limonov, l'écrivain devenu héros du livre d'Emmanuel Carrère.

J'ai remarqué le portrait signé Glazounov dans l'antichambre, Le Pen était ravi", se souvient Limonov. En 1996, le leader extrémiste russe invite son ami français à ses noces d'argent, dans la banlieue de Moscou. Dix-huit ans plus tard, le président d'honneur du FN évoque, avec éblouissement, ces agapes sous haute surveillance:La fête, somptueuse, était protégée par un bataillon du FSB"

Mais leurs amours vont s'étioler. Après la prise du pouvoir par Poutine en 2000, "Jean-Marie" comprend que "Jirik" n'est plus le bon cheval. Le Kremlin mise sur un autre parti d'extrême droite jugé plus fiable, qu'il monte de toutes pièces pour siphonner les voix des nationalistes : Rodina ("Patrie").

Voilà Le Pen de retour à Moscou, en 2003, à l'invitation de l'un des fondateurs du nouveau mouvement, Sergueï Babourine (aujourd'hui vice-président de la Douma). Il est choyé.

« Cette année-là, nous avons fait, Jany et moi, la tournée des grands-ducs pendant une semaine, s'amuse le fondateur du FN : une croisière à Saint-Pétersbourg, un déjeuner à l'Académie des Sciences, un dîner à l'Union des Ecrivains."

Et puis, à l'abri des regards, le leader de l'extrême droite française, qui vient d'affronter Jacques Chirac au second tour de la présidentielle, rencontre des personnalités politiques importantes, proches du président russe :

J'ai longuement discuté avec le père Tikhon, le confesseur de Poutine. Et avec un vieil homme qui connaissait très bien la France et qui tenait absolument à me voir : l'ancien patron de Poutine, Vladimir Krioutchkov [le chef du KGB de 1988 à 1991, celui-là même qui a 'créé' Jirinovski,"

Le chef du FN ne déplaît pas aux nouveaux maîtres du pays, Vladimir Poutine et ses amis, puisqu'il revient à Moscou, en juin 2005, encore à l'invitation du mouvement nationaliste Rodina. C'est son anniversaire, on lui offre un cadeau : un pistolet-mitrailleur. "Un modèle d'avant la kalachnikov", précise Le Pen, qui l'exhibe fièrement. Et puis on l'autorise - faveur rarissime - à visiter les appartements privés du président russe au Kremlin, refaits par son vieil ami Glazounov, devenu le peintre et le décorateur préféré du régime. « Au Kremlin, Ilya et moi étions accompagnés par un colonel du FSB."

Le clan Poutine bichonne Jean-Marie Le Pen, mais prend garde à ne pas trop s'afficher avec lui. Le fréquenter ouvertement risquerait de déplaire aux présidents français, Jacques Chirac puis Nicolas Sarkozy qui nouent, alors, des accords stratégiques avec le pouvoir russe. Même attitude au début avec Marine Le Pen, après qu'elle a remplacé son père à la tête du Front national, début 2011.

Pourtant, dès les premiers mois de son mandat, l'héritière s'emploie à vamper le Kremlin. Dans un quotidien russe, elle déclare sa flamme à Poutine et à son régime autoritaire. La crise, dit-elle aussi, donne la possibilité de tourner le dos à l'Amérique et de se tourner vers la Russie.

L'année suivante, pendant la campagne présidentielle, elle veut être adoubée par son idole. Elle cherche à le rencontrer - en vain. "Un intermédiaire m'avait proposé de monter le voyage, mais il n'était pas sérieux", regrette la présidente du FN.

Mais l'idée d'un rapprochement officiel avec la nouvelle chef du FN s'impose vite comme une évidence à Moscou. Tout y contribue. Une idéologie commune, d'abord. Depuis son retour au Kremlin en mai 2012, Vladimir Poutine se veut le rempart de "l'Europe chrétienne" contre la "décadence occidentale" et l'"hégémonisme américain" - des thèmes chers à l'extrême droite française.

Le corpus des valeurs que Poutine défend est désormais le même que le nôtre", s'enthousiasme Jean-Marie Le Pen. Marine vante, elle, le "modèle civilisationnel" de la nouvelle Russie. L'exacerbation des tensions diplomatiques entre Paris et Moscou explique le reste.

A peine installé à l'Elysée, François Hollande critique violemment la position du Kremlin sur la Syrie, les visites ministérielles se font plus rares, le dialogue franco-russe se tarit. Le Kremlin a donc besoin de nouveaux relais à Paris. L'ambassadeur Alexandre Orlov et son conseiller chargé des partis politiques français, Leonid Kadyshev, proposent d'oser Marine Le Pen et son mouvement. Le Kremlin leur dit banco !

A l'été 2012, ils aident au lancement sur internet d'une chaîne de télévision imaginée par d'anciens cadres du Front national : ProRussia.tv, ouvertement prorusse, comme son nom l'indique. Le directeur de la chaîne, Gilles Arnaud, un proche de Bruno Gollnisch, longtemps permanent du FN, raconte :

« Par l'entremise de l'ambassadeur Orlov, nous avons signé un contrat avec des médias d'Etat, dont Itar-Tass. Ils nous ont donné 115.000 euros pour la première année, 300.000 la suivante. "

La télévision, qui invite régulièrement des leaders d'extrême droite, diffuse la propagande du Kremlin en français. « Nous n'avons pas eu de problème avec le CSA puisque nos serveurs étaient en Russie", dit Gilles Arnaud.

Il précise que ProRussia a été fermée en après que les autorités russes ont décidé de lancer elles-mêmes l'an prochain une chaîne francophone, dotée d'un budget de 20 millions d'euros.

Orlov et Kadyshev reçoivent régulièrement - et discrètement - les dirigeants du FN à l'ambassade ou à la résidence du diplomate. Les Le Pen comprennent le message et multiplient, eux aussi, les offensives de charme. En décembre 2012, Marion Maréchal-Le Pen, qui s'est inscrite au groupe d'amitié franco-russe à l'Assemblée, va à Moscou pour son premier (et seul) voyage hors de l'Union européenne. Elle est conviée à une rencontre interparlementaire par le président de la Douma, Sergueï Narychkine, un ancien du KGB, intime de Poutine. Elle est l'unique députée française présente.

Au déjeuner, comme Marion fête ses 23 ans ce jour-là, Narychkine demande à ses convives (dont ce bon vieux "Jirik") d'entonner un bruyant "Joyeux anniversaire". A son retour, la benjamine de l'Assemblée accorde une longue interview à ses amis de ProRussia.tv, dans laquelle elle déclare : «La Russie a jeté son dévolu sur le FN. En tout cas, je l'espère..."

Tout est donc prêt pour une visite officielle de sa tante, Marine, en Russie - la première. Elle a lieu en juin 2013 et débute par un mystérieux colloque intitulé "Morale et démocratie" qui se déroule en... Crimée.

"Un hasard", assure la présidente du Front national, qui soutiendra l'annexion de la presqu'île quelques mois plus tard. A Moscou, Marine Le Pen est reçue en grande pompe par l'incontournable président de la Douma, Sergueï Narychkine. Elle rencontre aussi un vice-Premier ministre de Poutine, chargé de l'armement, Dmitri Rogozine. Ce n'est pas un hasard. Rogozine est un ami du peintre Ilya Glazounov et l'un des fondateurs du parti nationaliste Rodina, qui a invité Jean-Marie à Moscou quelques années plus tôt.

Marine Le Pen se fend aussi d'un éloge passionné pour le régime de Poutine, à la prestigieuse université Mgimo, repère des futurs diplomates et espions. Elle rend hommage à son "cher Ilya Glazounov" et assure le pouvoir russe de sa "loyauté".

Cette "loyauté", elle la prouve neuf mois plus tard, lors de l'annexion de la Crimée. Le 16 mars 2014, les séparatistes organisent un référendum à la va-vite. Moscou a besoin d'"observateurs" indulgents. L'extrême droite européenne, et notamment le Front national, est sollicitée pour "certifier" le scrutin si contesté. Le conseiller international de Marine Le Pen, Aymeric Chauprade, se rend sur place.

Puis il s'envole vers Moscou, où, comme par hasard, il participe à une conférence à huis clos avec le financier des séparatistes, l'oligarque Konstantin Malofeev - "un ami", dit Chauprade. La discussion secrète a lieu dans une salle... du musée Glazounov. "Malofeev la loue tous les mois pour ses rencontres avec ses correspondants européens", explique le vieux peintre nationaliste. Chauprade retournera par la suite au moins deux fois à Moscou.

Marine Le Pen, elle aussi, fait du zèle. Le rapprochement s'accélère. Moins d'un mois après l'annexion de la Crimée, elle retourne dans la capitale russe, le 12 avril 2014. Une visite de soutien - certains diraient d'allégeance. Elle ne rencontre toujours pas Poutine, mais son ami Narychkine et le patron de la commission des Affaires étrangères de la Douma, qui, sanctions obligent, n'ont plus le droit de se rendre en Europe.

Cinq jours plus tard, elle est récompensée : à la télévision russe, le président Poutine se félicite du"succès de Marine Le Pen" aux élections municipales en France. Et, en juin, le parti du Kremlin, Russie unie, annonce qu'il va s'associer officiellement au Front national (tout en conservant ses liens avec l'UMP).

Crédit Russe

« Notre parti a demandé des prêts à toutes les banques françaises, mais aucune n'a accepté, explique-t-elle. Nous avons donc sollicité plusieurs établissements à l'étranger, aux Etats-Unis, en Espagne et, oui, en Russie. Nous attendons des réponses."

« Quelle banque russe ? Je ne sais pas, c'est le trésorier du parti qui s'occupe de cela." Celui-ci n'en dira pas plus. Toutefois, Marine Le Pen précise, comme si on pouvait en douter : L'idée est, bien sûr, de rembourser ces prêts..."

Jean-Marie Le Pen retournera à Moscou fin octobre. "J'assisterai à un match de boxe", explique-il. Qui l'invite ? "Des amis russes." Lesquels ? Il ne veut pas répondre. Il dit seulement qu'il verra aussi son cher Ilya, qui rêve toujours de peindre Marine.

Selon les informations obtenues par Mediapart, les responsables du Front national ont voulu emprunter en Russie une somme globale de 40 millions d'euros. Les 9 millions obtenus de la First Czech Russian Bank ne sont que « la première tranche », a confirmé un haut responsable du FN. Le député européen Jean-Luc Schaffhauser admet avoir été rétribué 140 000 euros pour son rôle.

C'est un accord financier global hors norme que le Front national a sollicité auprès de Moscou. Du jamais vu dans l'histoire des partis politiques. La somme de 40 millions d'euros au total a été demandée à ses interlocuteurs russes par le FN pour financer son activité politique, selon les informations obtenues par Mediapart. Même s'il s'agit de fonds que le parti s'engage à rembourser, ce financement pose la question de l'ingérence d'un État étranger dans la vie politique française.

Chapitre 3

Les «députés» pro Poutine

On parle des pro-russes en France qui ne veulent pas donner dans la critique de la Russie, dans la Russophobie, dans la diabolisation de la Russie, et on les retrouve dans plusieurs milieux.

Premièrement, les plus raisonnables et les plus constants, ce qui agissent d'un point de vue politique français, sans extrémisme, non sulfureux, sont les gaullistes et les souverainistes en général. Que ça soient des souverainistes à la Philippe de Villiers, des souverainistes à la Charles Pasqua ou des souverainistes à la Jean-Pierre Chevènement, on retrouve ces milieux gaullistes ou souverainistes, à droite comme à gauche.

Parmi les gaullistes, on se souvient du général Gallois, un grand stratège français qui était très pro-russe. Il était le conseiller de Charles De Gaulle pour les décisions géopolitiques. D'ailleurs, beaucoup de grands géopoliticiens sont plutôt pour une alliance avec la Russie. De Gaulle y tenait beaucoup. Les gaullistes, les militaires, les grands résistants, ont souvent cette position. A gauche on retrouve plutôt les chevènementistes. Bien que différents, ils ont des points communs avec les gaullistes, notamment la grandeur de la France qui passe par une alliance avec l'allié russe et qui permet de ceinturer à la fois l'Allemagne et de contrecarrer les anglo-saxons.

Ceux qui sont pour la Russie mais non d'un point de vue politique sont tous ceux de l'école de géopolitique de ce qu'on appelle la Grande Europe. La Grande Europe est le contraire de l'Union européenne actuelle et qui était basée sur une coopération des Etats.

Ce sont donc des géopolitologues d'inspiration gaulliste bien que non politisés. On parle souvent de Paris-Berlin-Moscou. Cette alliance serait la colonne vertébrale d'une grande Europe des nations qui serait une construction européenne différente de celle d'aujourd'hui.

Elle serait basée sur la défense de l'Etat souverain mais qui serait d'accord pour coopérer dans le cadre d'une Europe forte fondée sur la civilisation et l'intérêt des Etats. C'était le projet de Fouchet, également conseiller de De Gaulle.

En implantant en Occident think-tanks, fondations, médias et églises pro-Kremlin, le régime de Poutine ne cesse d'y mener des campagnes de lobbying. Si le philosophe chinois Sun Tzu assurait "La guerre, c'est l'art deduper", le Président russe Vladimir Poutine semble avoir intégré ce principe. Même s'il ne mène pas de guerre aux pays de l'Union européenne, il implante ses réseaux dans certains d'entre eux, dont la France.

En plus de payer des médias francophones acquis à sa cause, le Kremlin tente de séduire et financer : politiques, lointains descendants d'émigrés russes, artistes et universitaires. Dépourvu de culture populaire russe de masse et exportable, Poutine a fait de ses réseaux à l'étranger une priorité, malgré les crises économique, politique et sociale traversées par son pays. Encore ancré dans une vision impériale de la Russie, il diffuse tant bien que mal mythes propagandistes et idéologie complotiste.

Face au prêt de 9 million d'euros accordé au Front national par une banque russe en 2014, le journal Mediapart dénonçait "l'ingérence d'un État étranger dans la vie politique française". Le régime russe ne s'attaque pas seulement à l'extrême-droite française, mais aussi à l'extrême-gauche, aux souverainistes et même à la droite républicaine.

Le Kremlin réutilise les vieux procédés du KGB : il préfère jouer sur son image à l'international, tout en faisant taire la population en Russie. Dans cette société n'ayant rien de démocratique, les droits de l'homme ou l'amélioration du niveau de vie ne sont pas du tout une priorité. En revanche, les dirigeants russes veulent faire de la Russie une puissance incontournable, et avoir une véritable influence dans ce monde multipolaire.

Anti-américanistes, anti-OTAN et anti-UE, les réseaux du Kremlin touchent à la fois l'extrême-gauche et l'extrême-droite de l'échiquier politique, sans oublier les souverainistes et une partie de la droite sarkozyste. Le Kremlin vise large, et mise à la fois sur un imaginaire d'extrême-gauche et d'extrême-droite. Pour séduire l'extrême-droite, le régime de Poutine diffuse des mythes propagandistes à propos de la Russie, sur sa prétendue défense des valeurs chrétiennes et de la famille.

Pourtant, la politique familiale russe n'est absolument pas au niveau de celle de la France. Pour l'extrême-gauche, le Kremlin valorise un imaginaire stalinien et ressort les drapeaux rouges. Il fait ainsi coexister deux tendances politiques incompatibles en Occident, celles de l'extrême-droite et de l'extrême-gauche, rassemblées au sein d'une "idéologie rouge-brun".

Les intérêts d'officier avec des réseaux du Kremlin ne sont pas seulement idéologiques, mais aussi matériels. Les 9 millions d'euros prêtés par une banque russe au Front national (FN) ont sûrement suscité des envies.

Ces élus de la République, payés pour représenter les citoyens, ont passé illégalement une frontière, ne respectant ni les lois de la République, ni celles de l'Union européenne. La Russie a toujours fait de grands cadeaux à ses soutiens internationaux, et l'économie de l'ombre représente au minimum 40 % de l'économie russe. En revanche, la Russie avait un intérêt absolu à "accueillir" ces élus français en Crimée, pour qu'ils défendent, une fois rentrés en France, l'annexion de la péninsule à la Russie.

Si des élus de LR rompaient avec leur parti et rejoignaient les rangs du Front national, il pourraient faire exploser le plafond de verre interdisant au FN d'accéder à des postes de responsabilité. C'est pourquoi les réseaux du Kremlin en France ciblent aussi le courant pro-Poutine de la droite républicaine. Leur but est d'avoir le plus possible de députés pro-russes à l'Assemblée nationale, au Sénat et au Parlement européen.

Les réseaux pro-Poutine en France ne sont pas comparables à ceux de l'URSS d'autrefois. Le système russe actuel n'a pas la même puissance déstabilisatrice. Mais les méthodes, à base de dons financiers généreux et de mensonges politiques sur la vision commune de l'histoire, se ressemblent.

Changement tectonique, les milieux français pro-russes ne se recrutent plus du tout dans le même camp. Aujourd'hui, les pro-Poutine se recrutent surtout du côté de la droite dure. Au sein des «Républicains», la palme poutinienne revient au député Thierry Mariani. L'élu des Français de l'étranger pour la Russie et l'Asie, s'est rendu en Crimée occupée.

Il s'oppose avec virulence aux sanctions envers Moscou et a été cité dans plusieurs enquêtes sur des oligarques russes désireux d'attirer des fonds européens. La méfiance gaulliste envers l'hyperpuissance américaine, le respect envers la capacité militaire russe, et la défense de l'identité chrétienne et européenne face à l'islam conquérant, sont les trois thèmes récurrents. La menace terroriste de Daech, et la nécessité de soutenir Bachar Al Assad complètent le tableau…

Thierry Mariani

Ministre des Transports entre 2010 et 2012, député des Français de l'étranger depuis les dernières élections législatives, Thierry Mariani a été un soutien de la première heure de Nicolas Sarkozy. Le chef de file de la Droite populaire s'est progressivement éloigné de l'ancien chef de l'État, au point de déclarer aujourd'hui que «*le discours de 2007 ne prend plus en 2016 (car) les gens ont envie d'autre chose*». L'élu «*envoyait des signaux depuis plusieurs semaines*» en participant à des réunions organisées par François Fillon, indique l'entourage de celui-ci.

François Fillon a été rejoint début 2016, alors que sa candidature en vue de l'élection de 2017 semblait vouée à l'échec, par le jusque-là très sarkozyste Thierry Mariani, qui se trouve être le plus "poutinophile" des hommes politiques français. Le chef de file de la Droite populaire, courant de l'aile souverainiste des Républicains, est allé jusqu'à cautionner l'annexion de la Crimée par la Russie, et est un habitué du "Damas-Express", ces voyages d'élus français pour aller voir Bachar el-Assad, le président syrien, considéré comme un pestiféré par la diplomatie française. Lors de son ralliement à François Fillon, en février 2016, Thierry Mariani expliquait: "*En politique étrangère, il est le plus constant et le plus régulier dans ses choix, notamment sur la Russie.*"

Ces propos se retrouvent dans les déclarations de François Fillon sur l'action de la Russie en Syrie : dans une interview à "Valeurs actuelles", en novembre 2015, il déclarait qu'il fallait "se féliciter que la Russie soit intervenue en Syrie".

Et, dernièrement, au moment où Moscou est particulièrement critiquée pour les bombardements massifs visant la partie d'Alep encore tenue par les rebelles, l'ancien Premier ministre a souligné sur France Inter qu' "*en Syrie, Poutine a fait preuve d'un pragmatisme froid mais efficace".* Il a également récusé l'emploi du mot "massacre" à propos des bombardements par la Russie et le régime de Damas des hôpitaux et convois humanitaires à Alep.

«Notre destinée, avait-il lancé devant une salle bondée, est inextricablement liée, c'est ce que disait le général de Gaulle lors de sa visite en Russie en 1966. Nous étions alors au milieu de la guerre froide...» Alors quoi ? s'était-il soudain animé sur la scène : « *De Gaulle parlait avec Staline et il faudrait nous empêcher de travailler avec le président Poutine?»*

Député (LR) des Français de l'étranger Thierry Mariani, qui a emmené à deux reprises une délégation parlementaire française en Crimée malgré la désapprobation du Quai d'Orsay, s'est rangé derrière sa candidature. Thierry Mariani adore les quiz géographiques. C'est sa coquetterie de grand voyageur. « *Vous savez -combien de pays il y a, dans ma circonscription ? Quarante-neuf. Je passe 55 % de mon temps en déplacements* », nous accueille-t-il ce jour-là, alors qu'il revient de -Hongkong.

Ses collaborateurs, nous a-t-on raconté, ont droit à des séances façon Trivial Pursuit sur les capitales du monde. Les avions de ligne, c'est son autobus. La carte Flying Blue Platinum, son passe Navigo. La -République est bien faite. Comme les dix autres -députés des Français de l'étranger, il bénéficie d'un - crédit voyage annuel équivalent à trente allers-retours en classe affaires vers l'endroit le plus éloigné de sa circonscription. Le bout de son monde d'élu se trouve ainsi quelque part vers les îles Tonga, à 17 000 kilomètres de Paris. Sa circonscription, la onzième, est la plus vaste. Elle s'étend de l'Europe de l'Est à l'Océanie, en passant par l'Asie.

«*Une victoire d'Hillary Clinton à présidentielle américaine serait inquiétante pour la paix en Europe*» a affirmé le député LR, Thierry Mariani, lors de sa conférence de presse à Moscou jeudi. Il considère certains propos de la candidate «très agressifs» envers Moscou et explique que l'Europe en ce moment «n'a pas besoin de tensions supplémentaires». Il n'a pas apporté pour autant un soutien clair au candidat républicain, auquel il souhaite «laisser la responsabilité de ses (récents) propos» sur la France.

Lettre ouverte à Monsieur le député, Thierry Mariani

Monsieur le député,

En tant que Président de l'Union des Ukrainiens de France et citoyen français, je tiens à vous exprimer le sentiment de profonde indignation que suscite chez nous votre appartenance au groupe d'amitié «France-Ukraine» au sein de l'Assemblée nationale, alors que vos actes et propos ne sont que provocations et marques d'hostilité à l'égard de ce pays, de son gouvernement et de son peuple.

Vous ne pouvez ignorer que le président ukrainien actuel, Monsieur Pétro Porochenko, son gouvernement et son Parlement ont été élus démocratiquement et sont reconnus et respectés par la communauté internationale dans son ensemble.

Ce gouvernement est issu de l'insurrection du Maïdan, révolte du peuple ukrainien contre un président corrompu, dont les immenses richesses proviennent du pillage des biens publics et qui, sous la pression de son puissant voisin, renonçait, en dépit de ses promesses, à l'Accord avec l'UE tant souhaité par la majorité de son peuple. Ce président n'a pas hésité à tirer sur son peuple et a fini par fuir son pays avec l'aide d'une puissance étrangère, la Russie, à laquelle il était inféodé. Il a sur la conscience la mort de dizaines de ses concitoyens.

Libre à vous de ne pas adhérer à la volonté de l'Ukraine de se détacher définitivement de son appartenance à l'ex- URSS et d'établir avec la Russie des relations qui ne seraient plus de dominé à dominant, de petit-frère à grand-frère comme se plaisent à dire les Russes, mais de partenaires égaux. Vous ne pouvez méconnaître les violations russes du Droit international, les condamnations de la communauté internationale, les traités garantissant les frontières, y compris la Crimée, et la souveraineté de l'Ukraine: Mémorandum de Budapest de 1994, Accord d'amitié entre la Russie et l'Ukraine le 31 mai 1997, Accord bilatéral sur la présence de la flotte russe en Crimée en 1997, renouvelé en 2010 et qui confirmait l'appartenance de la Crimée à l'Ukraine. Vous rabâchez les propos éculés de la propagande et de la désinformation russes visant à discréditer l'Ukraine, comme un simple fantoche utilisé par le Kremlin. Tout cela est indigne et incompatible avec l'appartenance au groupe d'AMITIE « France-Ukraine », dont l'objectif devrait être au contraire de valoriser l'Ukraine dans tous les domaines et de contribuer à consolider sa position en France et en Europe. Vous en êtes loin !

Vous comprendrez donc qu'il nous paraisse légitime de vous demander de présenter votre démission du groupe d'amitié «France-Ukraine» de l'Assemblée nationale française. Ce serait pour le moins une preuve de cohérence avec vos positions !

Bohdan Bilot
Président de l'Union des Ukrainiens de France

www.ingramcontent.com/pod-product-compliance
Lightning Source LLC
Chambersburg PA
CBHW070123290526

45789CB00005B/2123